COMO INCLUIR OS AUTISTAS NO MERCADO DE TRABALHO

Editora Appris Ltda.
1.ª Edição - Copyright© 2024 da autora
Direitos de Edição Reservados à Editora Appris Ltda.

Nenhuma parte desta obra poderá ser utilizada indevidamente, sem estar de acordo com a Lei nº 9.610/98. Se incorreções forem encontradas, serão de exclusiva responsabilidade de seus organizadores. Foi realizado o Depósito Legal na Fundação Biblioteca Nacional, de acordo com as Leis nᵒˢ 10.994, de 14/12/2004, e 12.192, de 14/01/2010.

Catalogação na Fonte
Elaborado por: Dayanne Leal Souza
Bibliotecária CRB 9/2162

L758c 2024	Lino, Dinaildes Como incluir os autistas no mercado de trabalho / Dinaildes Lino. 1. ed. – Curitiba: Appris, 2024. 190 p. : il. color. ; 23 cm. – (Coleção Direito e Constituição). Inclui referências. ISBN 978-65-250-6545-8 1. Inclusão. 2. Autismo. 3. Mercado de trabalho. 4. Direito ao trabalho. 5. Acessibilidade. I. Lino, Dinaildes. II. Título. III. Série. CDD – 344

Livro de acordo com a normalização técnica da ABNT

Appris editora

Editora e Livraria Appris Ltda.
Av. Manoel Ribas, 2265 – Mercês
Curitiba/PR – CEP: 80810-002
Tel. (41) 3156 - 4731
www.editoraappris.com.br

Printed in Brazil
Impresso no Brasil

Dinaildes Lino

COMO INCLUIR OS AUTISTAS NO MERCADO DE TRABALHO

Appris
editora

Curitiba, PR
2024

FICHA TÉCNICA

EDITORIAL
Augusto Coelho
Sara C. de Andrade Coelho

COMITÊ EDITORIAL
Ana El Achkar (Universo/RJ)
Andréa Barbosa Gouveia (UFPR)
Antonio Evangelista de Souza Netto (PUC-SP)
Belinda Cunha (UFPB)
Délton Winter de Carvalho (FMP)
Edson da Silva (UFVJM)
Eliete Correia dos Santos (UEPB)
Erineu Foerste (Ufes)
Fabiano Santos (UERJ-IESP)
Francinete Fernandes de Sousa (UEPB)
Francisco Carlos Duarte (PUCPR)
Francisco de Assis (Fiam-Faam-SP-Brasil)
Gláucia Figueiredo (UNIPAMPA/ UDELAR)
Jacques de Lima Ferreira (UNOESC)
Jean Carlos Gonçalves (UFPR)
José Wálter Nunes (UnB)
Junia de Vilhena (PUC-RIO)

Lucas Mesquita (UNILA)
Márcia Gonçalves (Unitau)
Maria Aparecida Barbosa (USP)
Maria Margarida de Andrade (Umack)
Marilda A. Behrens (PUCPR)
Marília Andrade Torales Campos (UFPR)
Marli Caetano
Patrícia L. Torres (PUCPR)
Paula Costa Mosca Macedo (UNIFESP)
Ramon Blanco (UNILA)
Roberta Ecleide Kelly (NEPE)
Roque Ismael da Costa Güllich (UFFS)
Sergio Gomes (UFRJ)
Tiago Gagliano Pinto Alberto (PUCPR)
Toni Reis (UP)
Valdomiro de Oliveira (UFPR)

SUPERVISORA EDITORIAL
Renata C. Lopes

PRODUÇÃO EDITORIAL
Sabrina Costa

DIAGRAMAÇÃO
Andrezza Libel

CAPA
Carlos Pereira

REVISÃO DE PROVA
Daniela Nazario

COMITÊ CIENTÍFICO DA COLEÇÃO DIREITO E CONSTITUIÇÃO

DIREÇÃO CIENTÍFICA Antonio Evangelista de Souza Netto (PUC-SP)

CONSULTORES
Ana Lúcia Porcionato (UNAERP)

Arthur Mendes Lobo (UFPR)

Augusto Passamani Bufulin
(TJ/ES – UFES)

Carlos Eduardo Pellegrini (PF - EPD/SP)

Danielle Nogueira Mota Comar(USP)

Domingos Thadeu Ribeiro da Fonseca
(TJ/PR – EMAP)

Elmer da Silva Marques (UNIOESTE)

Georges Abboud (PUC/SP)

Guilherme Vidal Vieira (EMPAP)

Henrique Garbelini (FADISP)

José Laurindo de Souza Netto
(TJ/PR – UFPR)

Larissa Pinho de Alencar Lima (UFRGS)

Luiz Osório de Moraes Panza (Desembargador TJ/PR, professor doutor)

Luiz Rodrigues Wambier (IDP/DF)

Marcelo Quentin (UFPR)

Mário Celegatto (TJ/PR – EMAP)

Mário Luiz Ramidoff (UFPR)

Maurício Baptistella Bunazar (USP)

Maurício Dieter (USP)

Ricardo Freitas Guimarães (PUC/SP)

Dedico esta obra à minha querida mãe Lucimar e ao meu amado marido Flávio. A vocês, que acreditaram incondicionalmente no meu potencial, que ofereceram cuidado, carinho e apoio ao longo desta jornada, expresso minha mais profunda gratidão. Sem dúvida, a presença e o amor de ambos foram pilares essenciais para transformar este sonho em realidade.

AGRADECIMENTOS

À minha mãe Lucimar, que com amor e acolhimento inigualáveis, me envolve.

À minha família, especialmente ao meu pai Wilmar, aos meus queridos irmãos, ao pequeno Benício, meu afilhado, e aos adoráveis sobrinhos, simbolizados na alegria infindável da Dalise, meu eterno afeto dedico.

Aos poucos, mas preciosos amigos, sobretudo Suyanne e Ana Luiza, meu sincero agradecimento pela amizade e incentivo.

Ao meu orientador, o professor Doutor Paulo Leite, sou profundamente grata pela paciência e sábios direcionamentos.

Aos membros da banca de mestrado, professor Doutor Diogo Palau e professor Doutor Gustavo Chehab, minhas sinceras reverências pelas inestimáveis contribuições.

À comunidade autista que construí no meu *Instagram* ao longo da minha pesquisa, dedico minha gratidão pelas trocas, apoios e aprendizados sobre autismo compartilhados. Vocês, meus colegas, são uma fonte constante de inspiração e força.

Ao Jesse, por ser minha fiel companhia.

E, finalmente, ao meu amado marido Flávio, cuja fé inabalável em meu potencial sempre me sustentou, tornando o meu caminhar mais leve e com mais sentido: meu coração transborda de agradecimento.

Muito obrigada!

O homem não é igual a nenhum outro homem, bicho ou coisa.
Ninguém é igual a ninguém.
Todo ser humano é um estranho ímpar.

(Carlos Drummond de Andrade)

LISTA DE ABREVIATURAS E SIGLAS

AFT	Auditor Fiscal do Trabalho
ANAC	Agência Nacional de Aviação Civil
AEE	Atendimento Educacional Especializado
BPC	Benefício de Prestação Continuada
CAPSI	Centro de Atenção Psicossocial Infanto-Juvenil
CC	Convenção Coletiva
CDPD	Convenção sobre os Direitos das Pessoas com Deficiência
CF	Constituição Federal
CID	Classificação Internacional de Doenças
CIPTEA	Centro Integrado de Pesquisa e Tratamento em Autismo
DIEESE	Departamento Intersindical de Estatística e Estudos Socioeconômicos
DM	Deficiência Mental
DSM	Manual Diagnóstico e Estatístico de Transtornos Mentais
EPD	Escola para Pessoas com Deficiência
IBGE	Instituto Brasileiro de Geografia e Estatística
IBOPE	Instituto Brasileiro de Opinião Pública e Estatística
IPI	Imposto sobre Produtos Industrializados
LBI	Lei Brasileira de Inclusão da Pessoa com Deficiência
LOAS	Lei Orgânica da Assistência Social
MF	Ministério da Fazenda
NBR	Norma Brasileira
ODM	Objetivos de Desenvolvimento do Milênio
ODS	Objetivos de Desenvolvimento Sustentável
OIT	Organização Internacional do Trabalho
OMS	Organização Mundial da Saúde

ONU	Organização das Nações Unidas
PcD	Pessoa com Deficiência
PNAD	Pesquisa Nacional por Amostra de Domicílios
QI	Quociente de Inteligência
SUS	Sistema Único de Saúde
TEA	Transtorno do Espectro Autista
TA	Tecnologia Assistiva
TST	Tribunal Superior do Trabalho

SUMÁRIO

1

INTRODUÇÃO 15

2

HISTÓRICO... 19
2.1 A CONCEPÇÃO DA DEFICIÊNCIA AO LONGO DA HISTÓRIA 19
2.2 DEFICIÊNCIA E OS MODELOS DE SUA CONCEPÇÃO NO ÂMBITO
INTERNACIONAL..28
2.3 ASPECTOS HISTÓRICO-EVOLUTIVOS DO AUTISMO....................40
   2.3.1 Leo Kanner e o autismo "clássico"..41
   2.3.2 Hans Asperger e a Síndrome de Asperger 47
      2.3.2.1 Entre a descoberta de Asperger e a Eugenia 49
2.4 MANUAIS NOSOGRÁFICOS E O AUTISMO 53
   2.4.1 Conceito atual do Transtorno do Espectro Autista e o DSM-5 55

3

PROTEÇÃO JURÍDICA À PESSOA COM DEFICIÊNCIA 65
3.1 PRINCÍPIOS 65
   3.2.1 Princípio da Dignidade da Pessoa Humana........................... 66
   3.3.2 Princípio da Igualdade 69
3.2 PROTEÇÃO NO ÂMBITO INTERNACIONAL 71
3.3 PROTEÇÃO NO ÂMBITO NACIONAL................................... 79
   3.3.1 Estatuto da Pessoa com Deficiência (EPD) ou Lei Brasileira da Inclusão (LBI)... 79
   3.3.2 Direitos dos Autistas e a Lei Berenice Piana............................ 90
   3.3.3 A Lei Romeo Mion 101

4

A INCLUSÃO DOS AUTISTAS NO MERCADO DE TRABALHO 105
4.1 TRABALHO DECENTE, PESSOA COM DEFICIÊNCIA E OS ODS 3 E ODS8.... 105
4.2 O DIREITO AO TRABALHO E A IMPORTÂNCIA PARA CONSTRUÇÃO DA
IDENTIDADE DO TRABALHADOR.. 112
   4.2.1 Pessoa com deficiência e o mercado de trabalho 116
4.3 INCLUSÃO DO AUTISTA NO MERCADO DE TRABALHO 119
   4.3.1 A "lei de Cotas" e inclusão... 119

4.3.2 A pessoa autista e o mercado de trabalho: desafios e possibilidades 127

4.3.2.1 Acessibilidade e a invisibilidade do adulto autista............................127

4.3.2.2 A adaptação sensorial no ambiente de trabalho para os autistas 133

4.3.2.3 Barreiras atitudinais, como vencê-las? 140

4.3.2.4 Teletrabalho e a inclusão dos autistas no mercado de trabalho 156

4.3.2.5 Políticas públicas: efetividade da lei de cotas e qualificação profissional dos autistas... 160

5
CONCLUSÃO 169

REFERÊNCIAS..173

INTRODUÇÃO

A inclusão de pessoas autistas no mercado de trabalho tem sido uma jornada marcada por desafios multifacetados e, não raramente, por uma dolorosa invisibilidade. A complexidade dessa inserção vai além das fronteiras do mundo profissional, abrangendo questões sociais e legais.

A promulgação da Lei Berenice Piana, com seus pilares fundamentais embasados nos princípios da dignidade da pessoa humana e igualdade, representa um divisor de águas na legislação brasileira. Essa legislação não apenas reconhece a necessidade premente de garantir oportunidades justas para os autistas, mas também reafirma a importância de respeitar a individualidade, reconhecer a diversidade e promover a igualdade de direitos para todos os cidadãos.

A história da deficiência e do autismo é entrelaçada por décadas de estigma, exclusão e incompreensão. Ao longo dos anos, paradigmas têm sido quebrados, visões têm sido transformadas e vozes têm sido amplificadas. No entanto, o caminho rumo à inclusão plena ainda requer passos firmes e consistentes, tanto no âmbito social quanto no institucional. A discrepância na taxa de empregabilidade entre os autistas e a população em geral, por exemplo, é um tema de extrema relevância e complexidade que permeia o contexto contemporâneo. De acordo com dados do IBGE de 2020, a taxa de desemprego entre os autistas atinge surpreendentes 85%, enquanto para a população em geral essa taxa é de 12,4%.

A realidade alarmante desses números revela uma lacuna social e uma necessidade de compreender os motivos subjacentes a essa disparidade gritante. A exclusão do mercado de trabalho para os autistas limita suas oportunidades econômicas e restringe seu pleno desenvolvimento e contribuição para a sociedade.

A obra, no contexto atual, busca analisar e compreender os fatores que geram essa disparidade na taxa de empregabilidade entre os autistas e a população em geral. Ao identificar e explorar os motivos que contribuem para essa desigualdade, o estudo visa destacar os desafios enfrentados por essa comunidade, propondo estratégias e políticas que promovam uma inclusão mais eficaz e justa no ambiente de trabalho.

O exame desses números ressalta a magnitude do problema e reforça a importância crítica de aprofundar a pesquisa sobre as barreiras que limitam a participação dos autistas no mercado de trabalho, identificando soluções que permitam a realização plena desses indivíduos na sociedade.

A justificativa se fundamenta na urgência de estabelecer um ambiente inclusivo para as pessoas do espectro, dando voz a um grupo frequentemente invisibilizado, visando revelar os desafios enfrentados por esses indivíduos e compreender as barreiras que impedem sua inclusão, sendo imprescindível para o desenvolvimento de políticas efetivas e práticas. A pesquisa também é motivada pelo propósito de ampliar o conhecimento nesse campo, ainda escasso, e, assim, garantir políticas mais inclusivas e acolhedoras, reconhecendo e valorizando as contribuições únicas oferecidas pelos adultos autistas.

Abordar a invisibilidade do adulto autista é essencial para construir uma sociedade que valoriza a diversidade em todos os âmbitos. A inclusão laboral, além de proporcionar meios econômicos, está profundamente conectada ao bem-estar emocional e à autoestima desses adultos, contribuindo assim para uma sociedade mais justa e diversificada. Diante desse cenário, as políticas públicas de inclusão assumem um papel relevante, refletindo o compromisso do Estado em promover a igualdade e a justiça social.

Ao explorar a intersecção entre a Lei Berenice Piana, os princípios da dignidade da pessoa humana e igualdade, a história da deficiência e do autismo, e as políticas públicas de inclusão, esta obra enfrenta os desafios dos autistas no mercado de trabalho e oferece insights valiosos para uma inclusão genuína. A inclusão de pessoas com deficiência, em particular dos autistas, está intrinsecamente ligada aos Objetivos de Desenvolvimento Sustentável (ODS) estabelecidos pela ONU. O ODS 8, que tenta promover o crescimento econômico, inclusivo e sustentável, está entrelaçado com o ODS 3, voltado para a promoção da saúde e do bem-estar para todos, em todas as idades.

A realização desses objetivos envolve a criação de ambientes nos quais a diversidade é aceita e celebrada. Trata-se não apenas de assegurar empregos, mas de garantir que esses postos de trabalho sejam acessíveis, adaptáveis e acolhedores para pessoas com diferentes habilidades e perspectivas. É uma questão de saúde e dignidade para os autistas. As pessoas com deficiência, incluindo os autistas, não devem ser vistas apenas como beneficiárias de políticas assistencialistas. Devemos reconhecê-las como agentes ativos de mudança, capazes de contribuir significativamente para o tecido social e econômico. Seu potencial, frequentemente subestimado, é uma fonte de inovação, criatividade e resiliência, elementos essenciais para o crescimento econômico e a prosperidade coletiva.

Para compreender a inserção dos autistas no mercado de trabalho, revisitaremos a definição e o significado do trabalho. Mais do que simplesmente uma atividade remunerada, o trabalho representa uma fonte de identidade, realização pessoal e integração social, provendo meios financeiros e oferecendo um senso de propósito e contribuição para a sociedade.

No entanto, para muitos autistas, o acesso a oportunidades laborais condizentes com suas habilidades e necessidades tem sido limitado por uma série de barreiras estruturais, sociais e culturais. Essas barreiras obscurecem a percepção do valor e das contribuições que as pessoas do espectro podem oferecer no ambiente profissional.

Neste contexto, o direito ao trabalho para os autistas não é meramente uma questão de oportunidade, mas de garantia de condições equitativas para que eles possam exercer suas habilidades, contribuir para o mercado de trabalho e se sentir valorizados em um ambiente que respeite suas necessidades individuais. Ao longo desta obra, examinaremos os desafios enfrentados pelos autistas para acessar o mercado de trabalho.

Defenderemos também o reconhecimento e a garantia do direito desses indivíduos a um ambiente laboral inclusivo, onde suas capacidades sejam valorizadas e possam desenvolver todo o seu potencial. Entre os aspectos cruciais a serem analisados, destacam-se a acessibilidade, as barreiras atitudinais, a efetividade da Lei de Cotas e o teletrabalho como possibilidades viáveis de inclusão.

A acessibilidade física, digital e social emerge como um pilar fundamental para garantir que o ambiente de trabalho seja verdadeiramente inclusivo. Abordaremos a adaptação física dos espaços e a importância das adaptações sensoriais na criação de oportunidades equitativas para os autistas. Além disso, as barreiras atitudinais, muitas vezes invisíveis, mas poderosas, representam mais um desafio. Analisaremos como preconceitos, estereótipos e falta de compreensão criam obstáculos substanciais, impedindo a plena participação e contribuição dos autistas no ambiente de trabalho.

Ainda dentro do nosso objetivo, o teletrabalho será explorado como uma alternativa promissora. Com o avanço da tecnologia, essa modalidade oferece novas perspectivas, permitindo a flexibilidade necessária para muitos autistas, ao mesmo tempo em que dissipa algumas barreiras tradicionais do ambiente de trabalho convencional. Por fim, investigaremos a efetividade da Lei de Cotas e os obstáculos enfrentados tanto pelas empresas quanto pelos autistas, com o objetivo de identificar possíveis melhorias e caminhos para uma aplicação mais eficaz.

Através deste estudo, almejamos sensibilizar empregadores, legisladores e a sociedade em geral para a importância de reconhecer e valorizar o potencial dos indivíduos autistas, criando ambientes de trabalho que acolham e respeitem suas necessidades. Dessa forma, esperamos que este estudo contribua para a construção de políticas públicas mais eficazes e para o desenvolvimento de práticas que garantam a igualdade de oportunidades no mercado de trabalho.

HISTÓRICO

2.1 A CONCEPÇÃO DA DEFICIÊNCIA AO LONGO DA HISTÓRIA

A história das pessoas com deficiência é um elemento essencial da trajetória da humanidade, englobando uma ampla diversidade de experiências e desafios enfrentados por indivíduos que vivenciaram diferentes formas de deficiência ao longo do curso da história.

É inegável que a deficiência constitui uma dimensão intrínseca da experiência humana. No entanto, é lamentável que, até os dias atuais, muitos ainda não reconheçam a importância da inclusão para que as pessoas com deficiência possam viver com dignidade. É relevante destacar que a concepção e a resposta da sociedade em relação à deficiência passaram por notáveis transformações ao longo dos séculos.

No período da Pré-história, por exemplo, as pessoas com alguma deficiência eram, segundo Rodrigues Neto[1], "mortas, abandonadas ou comidas por suas próprias tribos ou, devido às transformações, ao refinamento da cultura e das atitudes morais de algumas civilizações, as pessoas com deficiência passaram a ser vistas como parte da comunidade em que viviam, podendo, até mesmo, prestar serviços aos demais." Apolônio Abade do Carmo sobre o assunto nos ensina que:

> Nas culturas primitivas que sobreviviam basicamente da caça e da pesca, os idosos, doentes e portadores de deficiência eram geralmente abandonados, por um considerável número de tribos, em ambientes agrestes e perigosos, e a morte se dava por inanição ou por ataque de animais ferozes. O estilo de vida nômade não somente dificultava a aceitação e a manutenção destas pessoas, consideradas dependentes, como também colocava em risco todo o grupo face os perigos da época.[2]

---

[1] RODRIGUES NETO, Francisco. **Direitos e Garantias às Pessoas com Deficiências: a Atuação do Poder Público no Processo de Inclusão.** 1ª edição. Jundiaí: Paco Editorial, 2020.

[2] CARMO, Apolonio Abadio do. **Deficiência Física: A Sociedade Brasileira Cria, 'Recupera' e Discrimina.** Tese (Doutorado) - Universidade Estadual de Campinas, Faculdade de Educação. Orientador: Jose Luis Sanfelice. Campinas, SP: 1989, p. 26.

Vale dizer, que o autor mencionado anteriormente ressalta que a atitude de completo abandono dos idosos, doentes e pessoas com deficiência física não é compartilhada com todos os povos. Na explicação, ele cita Silva e nos mostra o exemplo de uma tribo situada no sul do Sudão e Congo, chamada Azande. Os integrantes desta tribo não abandonavam crianças consideradas defeituosas. Além do preconceito não existir nesse aspecto, ainda se orgulhavam de eventuais dedos extras nascidos nas mãos e nos pés.[3]

Na sociedade egípcia, as pessoas com alguma deficiência eram incluídas na sociedade. Nesse sentido, Gugel nos explica:

> Evidências arqueológicas nos fazem concluir que no Egito Antigo, há mais de cinco mil anos, a pessoa com deficiência integrava-se nas diferentes e hierarquizadas classes sociais (faraó, nobres, altos funcionários, artesãos, agricultores, escravos). A arte egípcia, os afrescos, os papiros, os túmulos e as múmias estão repletos dessas revelações. Os estudos acadêmicos baseados em restos biológicos, de mais ou menos 4.500 a.C., ressaltam que as pessoas com nanismo não tinham qualquer impedimento físico para as suas ocupações e ofícios, principalmente de dançarinos e músicos.[4]

Na civilização hebraica, qualquer condição de saúde crônica, deficiência física, mental ou deformidade era frequentemente associada a um aspecto religioso, sendo interpretada como um sinal de pecado ou impureza. A Bíblia, especificamente em Levítico 21:16-20, aborda esse conceito, estipulando que:

> Ninguém dentre os teus descendentes, por todas as suas gerações, que tiver defeito, se chegará para oferecer o pão do seu Deus. Pois nenhum homem que tiver algum. Defeito se chegará: como homem cego, ou coxo, ou de nariz chato, ou de membros demasiadamente compridos, ou homem que tiver o pé quebrado, ou a mão quebrada, ou for corcunda, ou anão, ou que tiver belida, ou sarna, ou impigens, ou que tiver testículo lesado.[5]

---

[3] *Ibid.*

[4] GUGEL, Maria Aparecida. **A pessoa com deficiência e sua relação com a história da humanidade.** Ampid (associação Nacional dos Membros do ministério Público de defesa dos Direitos dos idosos e Pessoas com Deficiência), 2015. Disponível em https://www.ampid.org.br/v1/wp-content/uploads/2019/03/A-pessoa--com-defici%C3%AAncia-e-sua-rela%C3%A7%C3%A3o-com-a-hist%C3%B3ria-da-humanidade.pdf. Acesso em: 10 de outubro de 2023.

[5] **Bíblia Sagrada Online** (versão Almeida Revista e Corrigida), Levítico 21:16-20.

Em Atenas, durante o período da Grécia Antiga, bebês que apresentavam deficiências eram colocados dentro de vasos de argila e abandonados em qualquer lugar, esmagando o direito à vida daqueles recém-nascidos. Isso ocorreu em um contexto cultural em que influentes pensadores, como Platão em sua obra "A República" e Aristóteles em "A Política", discutiam o planejamento urbano das cidades gregas e faziam recomendações que sugeriam a eliminação de pessoas nascidas com deficiências. Essa eliminação era realizada por meio da prática da exposição, que envolvia o abandono dessas crianças ou, em alguns casos, chegava ao extremo de lançá-las de montanhas. É importante ressaltar que, naquela época, o extermínio de crianças com deficiências era considerado uma prática relativamente comum, e até mesmo os filósofos mais respeitados da sociedade grega antiga endossavam ou concordavam com essa triste tradição cultural.

A vida dos bebês considerados defeituosos em Esparta não era tratada de forma tão diferente, visto que ao nascer eram levados para a aprovação dos anciãos – uma espécie de autoridade daquele lugar - e condenados à morte:

> Se lhes parecia feia, disforme e franzina, como refere, Plutarco, esses mesmos anciãos, em nome do Estado e da linhagem de famílias que representavam, ficavam com a criança. Tomavam-na logo a seguir e a levavam a um local chamado Ápothetai, que significa depósito. Tratava-se de um abismo situado na cadeia de montanhas Tahgetos, perto de Esparta, onde a criança era lançada e encontraria a morte, pois, tinham a opinião de que não era bom nem para a criança nem para a república que ela vivesse, visto como desde o nascimento não se mostrava bem constituída para ser forte, sã e rija durante toda a vida (Silva, 1986, p. 122)[6].

Em Roma, as pessoas com deficiência eram submetidas ao mesmo tipo de tratamento das civilizações mencionadas anteriormente:

> A sociedade romana considerava inútil a existência de deficientes (*sic*) e pior considera-os descartáveis, defendendo a ideologia de sacrificar, ou deixar a mercê da sorte, porque muitas vezes deixavam essas crianças em lugares de extremo perigo, como lugares em que viviam animais selvagens, famintos, com isso, acabavam por devorar essas crianças, outros as

---

[6] ROSSETTO, E.; ADAMI, A. S.; KREMER, J.; PAGANI, N.; SILVA, M. T. N. **Aspectos Históricos das Pessoas com Deficiência**. Educere et Educare, [*S. l.*], v. 1, n. 1, p. p. 103–108, 2000. DOI: 10.17648/educare.v1i1.1013. Disponível em: https://e-revista.unioeste.br/index.php/educereeteducare/article/view/1013. Acesso em: 10 de outubro de 2023.

> colocavam em rios ou em lugares considerados sagrados e as abandonavam. Em Roma, também não se reconhecia valores em crianças "defeituosas", mas havia um outro recurso além da execução que era o de abandonar as crianças nas margens dos rios ou em locais sagrados para serem recolhidas por famílias da plebe.[7]

Na Idade Média, a sociedade começou a se afastar da prática de abandonar pessoas com deficiência e passou a oferecer-lhes refúgio em instituições, como asilos e conventos. Embora essas instituições tivessem o propósito de acolher e cuidar das pessoas com deficiência, também as isolavam do convívio social e as submetiam a rigorosas normas de disciplina e moralidade. Segundo Silva[8], "nesse período era comum a crença de que a deficiência seria um castigo de Deus por pecados cometidos e, por isso, os indivíduos com deficiência eram alvo de hostilidade e preconceito".

Ainda sobre a Idade Média, vale ressaltar:

> A descriminação aos deficientes *físicos* continuou e muito, só que o sentido, ou pior, a justificativa agora era outra. Espíritos malignos e demônios foram as principais respostas da época para aquelas pessoas que não se encaixavam na sociedade da época. O surgimento do termo "Diabo" também contribuiu ainda mais para esta perseguição, onde contribuiu para o famoso fator histórico desta época, a temível inquisição das bruxas. Milhares de mulheres foram julgadas e queimadas nas lendárias fogueiras da Espanha até a Itália. E qual o envolvimento do deficiente físico com a inquisição? Muitos padres católicos que também eram os juízes acreditavam que a deficiência era aplicada pelas bruxas nos infiéis.[9]

A influência do Cristianismo teve um papel fundamental na história da humanidade. Com base na concepção cristã de que todo ser humano é criado à imagem e semelhança de Deus e que todos são considerados irmãos em Cristo, as pessoas com deficiência passaram a ser reconhecidas como indivíduos dotados de dignidade e direitos, em vez de serem objetos de compaixão ou desprezo. Ainda sobre o papel do Cristianismo nessa parte da história:

---

[7] CORRENT, Nikolas. **Da Antiguidade a Contemporaneidade: a Deficiência e suas Concepções.** Revista Científica Semana Acadêmica. Fortaleza, ano MMXVI, Nº. 000089, 22/09/2016.

[8] SILVA, Aline Maira da. **Educação especial e inclusão escolar: história e fundamentos**. Curitiba: Ibpex, 2010. p. 40-41.

[9] KUTIANSKI, Felipe Augusto Tavares; BRAUER JUNIOR, André Geraldo. **Da antiguidade à contemporaneidade: uma revisão histórica do preconceito aos deficientes físicos na sociedade**. Cadernos da Escola de Educação e Humanidades, v. 1, n. 5, 2010.

A pessoa com deficiência, agora com o status de ser humano, criatura de Deus, para efeito de sobrevivência e manutenção de saúde, tem significado teológico paradoxal. Deste modo, atitudes contraditórias desenvolveram-se em relação a ela: esta pessoa era uma eleita de Deus ou uma espécie de expiadora de culpas alheias? Era uma aplacadora da cólera divina a receber, em lugar da aldeia, a vingança celeste, como um para-raios? Tinha uma alma, mas não tinha virtudes - como podia ser salva do inferno? Ela era mesmo uma cristã? (Pessotti, 1984; Amaral, 1995). Segundo Pessotti (1984), a solução do clero para estas indagações sobre a pessoa com deficiência consistia em duas atitudes. A primeira referia-se à atenuação do castigo, transformando-o em confinamento, de tal modo que segregá-las era exercer a caridade, pois o asilo garantia um teto e alimentação; no entanto, enquanto o teto protegia o cristão com deficiência, as paredes escondiam e isolavam o incômodo ou o inútil. A segunda atitude constituía-se na caridade como castigo, pois era o meio de salvar a alma do cristão das garras do demônio e livrar a sociedade das condutas indecorosas ou antissociais da pessoa com deficiência. A Inquisição, porém, sacrificou como hereges ou endemoninhados milhares de pessoas, entre elas, pessoas com deficiência.[10]

No final da Idade Média, houve alguns avanços no campo da medicina, que beneficiaram as pessoas que padeciam de doenças debilitantes. Os médicos da época utilizavam métodos como a sangria, a cirurgia e a farmacologia para tratar os enfermos. Além disso, surgiram as primeiras universidades e hospitais, que contribuíram para o desenvolvimento do conhecimento médico e da assistência sanitária.

Respirando os ares renascentistas, podemos observar um desenvolvimento maior ainda no tocante ao trato das pessoas com deficiência. Nesse sentido, Silva nos diz:

> Na penosa história do homem portador de deficiência começava a findar uma longa e muito obscura etapa. Iniciava a humanidade mais esclarecida os tempos conhecidos como "Renascimento" - época dos primeiros direitos dos homens postos à margem da sociedade, dos passos decisivos da medicina na área de cirurgia ortopédica e outras, do

---

[10] KAMEN, H. **A inquisição na Espanha**. Rio de Janeiro: Civilização Brasileira, 1966., *apud* FRANCO, João Roberto; DIAS, Tárcia Regina da Silveira. **A Pessoa Cega no Processo Histórico: Um Breve Percurso**. Rio de Janeiro, RJ. Ano: 2005, Volume: 0, Número: 30.

estabelecimento de uma filosofia humanista e mais voltada para o homem, e também da sedimentação de atendimento mais científico ao ser humano em geral.[11]

Focando nosso olhar na Idade Moderna, é imperioso dizer que a Revolução Industrial, ocorrida no século XVIII foi marcada pela transição da produção artesanal para a maquinofatura e houve, naquele período, a necessidade de capacitar e recolocar as pessoas com deficiência no mercado de trabalho. Essa questão se tornou cada vez mais urgente diante das transformações sociais e econômicas provocadas pelo avanço tecnológico e pela industrialização:

> O despertar da atenção para a questão da habilitação e da reabilitação do portador de deficiência para o trabalho aguçou-se a partir da Revolução Industrial, quando as guerras, epidemias e anomalias genéticas deixaram de ser as causas únicas das deficiências, e o trabalho, em condições precárias, passou a ocasionar os acidentes mutiladores e as doenças profissionais, sendo necessária à própria criação do Direito do Trabalho e um sistema eficiente de Seguridade Social, com atividades assistenciais, previdenciárias e de atendimento à saúde, bem como a reabilitação dos acidentados.[12]

A era moderna e a deficiência, na realidade, são temas que se relacionam de forma complexa e contraditória. Por um lado, a modernidade trouxe avanços científicos, tecnológicos e sociais que possibilitaram melhorar a qualidade de vida, a inclusão e os direitos das pessoas com deficiência. Por outro lado, também propiciou processos de exclusão, discriminação e violência contra as pessoas com deficiência, que continuaram sendo vistas como anormais, incapazes ou inferiores. A deficiência, como se percebe ao longo do conteúdo exposto, não é apenas uma condição biológica ou individual, mas também uma construção social e histórica que reflete as formas de organização, de produção e de poder de uma sociedade.

O Direito do Trabalho surge nesse cenário como uma resposta às demandas dos operários que sofriam com a exploração nas fábricas durante a Revolução Industrial. Na Inglaterra, berço do capitalismo industrial, os

---

[11] SILVA, Otto Marques. **"A Epopéia Ignorada", "Uma Questão de Competência", "A Integração das Pessoas com Deficiência no Trabalho"**. São Paulo: Cedas, 1987.

[12] FONSECA, R. T. M. da. **O Trabalho Protegido do Portador de Deficiência**. Revista da Faculdade de Direito de São Bernardo do Campo, *[S. l.]*, v. 7, 2015. Disponível em: https://revistas.direitosbc.br/fdsbc/article/view/764. Acesso em: 10 de outubro de. 2023.

trabalhadores organizaram movimentos reivindicando melhores salários e condições de trabalho, e as pautas das pessoas com deficiência começaram a ser levantadas:

> Surgem as primeiras normas sobre desastres no trabalho, sobre as limitações às jornadas de trabalho, o Direito do Trabalho começa a ter condições de se emancipar do Direito Civil, o Direito dos iguais, e inicia-se a afirmação dos valores inerentes a este Direito de desiguais para promover a igualdade. Lembre-se Lacordaire: é a liberdade que oprime e a lei que liberta. É o fim do laissez-faire, da deificação da autonomia da vontade das partes, do contratualismo leonino.[13]

Durante a Primeira Guerra Mundial, que ocorreu de 1914 a 1918, muitas pessoas adquiriram deficiências físicas ou mentais. O Capítulo XIII do Tratado de Versalhes estabeleceu a criação da Organização Internacional do Trabalho, e através dela, a reabilitação de pessoas com deficiências tornou-se uma prioridade de alcance internacional.

Com o início da Segunda Guerra Mundial em setembro de 1939, houve um impacto ainda maior na questão das deficiências. A sociedade foi confrontada com uma nova realidade e teve a responsabilidade de garantir os direitos daqueles que, anteriormente, não eram considerados pessoas com deficiência, mas que se tornaram devido aos efeitos da guerra.

Foi nesse cenário que ocorreu um aumento substancial da conscientização em relação à inclusão e à acessibilidade das pessoas com deficiência, uma vez que elas representavam uma parcela significativa da população afetada pelo conflito. "Foi a partir da Segunda Guerra Mundial que o direito necessita se preocupar com grupos sociais específicos, nesse caso surgem os mutilados da guerra, pessoas que foram para a guerra sem nenhuma deficiência e voltam às suas casas com algum tipo de mutilação que impedem a fruição normal de suas atividades de vida diária"[14].

Ainda sobre o assunto, Francisco Rodrigues Neto nos assevera;

> (...) os horrores provocados pela Segunda Guerra Mundial provocaram mudanças imediatas e, desta forma, as questões envolvendo as pessoas marginalizadas em todo o mundo,

---

[13] MOREIRA, A. J. **O deficiente do trabalho: considerações gerais de enquadramento**. Direito e Justiça, v. 1, n. Especial, p. 275-293WW, 1 jan. 2015, p. 280.

[14] TAHAN, Adalgisa Pires Falcão. **A universalidade dos direitos humanos**. In: **Estudos e debates em Direitos Humanos**. SILVEIRA, Vladimir Oliveira da; CAMPELO (COORD), Livia Gaigher Bósio (ORG). São Paulo: Letras Jurídicas, v. 2, 2012, p. 21.

> deixam de ser analisadas somente sob o aspecto político e passaram a ser vistas com um enfoque humanitário, sem limite territorial, dando início a era dos direitos humanos. Em relação às pessoas com deficiência, o pós-guerra revelou um aumento considerável no número das pessoas com deficiência de locomoção, audição, visão, pressionando o Estado a promover ações de proteção.[15]

A Segunda Guerra Mundial, marcada por suas devastadoras consequências e a tragédia da perda de milhões de vidas, compeliu nações globalmente a uma reflexão profunda. Isso culminou na formação da Organização das Nações Unidas (ONU), cujos membros: "[...] resolvidos a preservar as gerações vindouras do flagelo da guerra, que por duas vezes, no espaço da nossa vida, trouxe sofrimentos indizíveis à humanidade, e a reafirmar a fé nos direitos fundamentais do homem, na dignidade e no valor do ser humano, na igualdade de direito dos homens e das mulheres, [...]."[16]

A Organização das Nações Unidas (ONU) é uma instituição internacional cujo propósito é fomentar a cooperação, a paz e a segurança entre as nações. Uma das áreas fundamentais de atuação da ONU é a defesa dos direitos humanos, incluindo os direitos das pessoas com deficiência. A organização reconhece os desafios enfrentados por essas pessoas, como a discriminação, a exclusão, a pobreza e a violência, que dificultam o pleno exercício de sua cidadania.

Nesse sentido, a ONU trabalha ativamente para promover a inclusão, a acessibilidade e a participação das pessoas com deficiência em todos os aspectos da sociedade.

Um dos marcos mais significativos dessa atuação foi a adoção da Convenção sobre os Direitos das Pessoas com Deficiência em 2006. Esse tratado internacional estabelece os princípios e as responsabilidades dos Estados na garantia do respeito, da proteção e da promoção dos direitos das pessoas com deficiência.

> A Assembleia-Geral da ONU, em Dezembro de 2006, aprovou a Convenção sobre os Direitos das Pessoas com Deficiência. Portugal ratificou a Convenção em 23 de Setembro de 2009. A Convenção modifica de forma substancial o conceito de

---

[15] RODRIGUES NETO, Francisco. **Direitos e Garantias às Pessoas com Deficiências: a Atuação do Poder Público no Processo de Inclusão.** 1ª edição. Jundiaí: Paco Editorial, 2020, p. 45.

[16] NAÇÕES UNIDAS. **Carta das Nações Unidas**. 1945. Disponível em: https://brasil.un.org/pt-br/91220-carta-das-na%C3%A7%C3%B5es-unidas. Acesso em: 14 de outubro de. 2023.

> pessoa com deficiência, englobando nela não apenas a deficiência, qua tale, mas também as limitações decorrentes do meio envolvente, nomeadamente a dificuldade de inserção social. Assim, para esta Convenção, Pessoas com Deficiência são aquelas que têm impedimento de natureza física, intelectual ou sensorial que, em interacção com diversas barreiras, podem obstruir a sua participação plena e efectiva na sociedade.[17]

A Convenção prevê mecanismos de monitoramento e de cooperação para a implementação de suas disposições. Atualmente, 193 países são signatários da Convenção, incluindo o Brasil.

Além da Convenção, a ONU desenvolve outras iniciativas para fortalecer o compromisso com as pessoas com deficiência. A criação, por exemplo, do Fundo de Parceria das Nações Unidas em 2011 para o Avanço dos Direitos das Pessoas com Deficiência tem como objetivo promover o diálogo entre governos e organizações dedicadas ao bem-estar das pessoas com deficiência, com o propósito de impulsionar medidas contra a discriminação e o isolamento.

> Esse acordo foi um marco fundamental para o movimento dos direitos das pessoas com deficiência e serviu como um instrumento poderoso, possibilitando o que Kofi Annan chamou de uma 'nova era', em que pessoas com necessidades especiais não terão mais que lidar com a discriminação e com atitudes que prevalecem há muito tempo. Esse fundo se apoia na promessa da comunidade internacional de acabar com a exclusão social dessas pessoas.[18]

Em 1992, a Organização das Nações Unidas (ONU) proclamou o dia 3 de dezembro como o Dia Internacional das Pessoas com Deficiência. O propósito é incentivar todos os países membros a comemorar essa data e promover conscientização, comprometimento e ações em prol dos direitos das pessoas com deficiência. Isso inclui a elaboração de relatórios e recomendações sobre temas específicos relacionados aos direitos das pessoas com deficiência, como educação inclusiva, saúde mental, mulheres e meninas com deficiência, entre outros.

---

[17] MOREIRA, A. J. **O deficiente do trabalho: considerações gerais de enquadramento**. Direito e Justiça, v. 1, n. Especial, p. 275-293, 1 jan. 2015, p. 280.

[18] NAÇÕES UNIDAS. **Nações Unidas criam fundo para auxiliar pessoas com deficiência**. Disponível em: https://brasil.un.org/pt-br/58576-na%C3%A7%C3%B5es-unidas-criam-fundo-para-auxiliar-pessoas-com-defici%C3%AAncia. 14 de outubro de. 2023.

A ONU sublinha, ainda, que esse grupo de indivíduos assume um papel proativo como agentes de transformação e progresso, não se limitando a ser meros destinatários de assistências outras. Assim, a ONU promove e apoia a participação ativa de pessoas com deficiência e de suas organizações representativas em todas as etapas do planejamento, execução e avaliação das políticas públicas que impactam diretamente suas vidas.

A instituição também encoraja os Estados a implementarem ações que assegurem que indivíduos com deficiência tenham a capacidade de desfrutar plenamente de todos os seus direitos, sejam eles de natureza política, civil, econômica, social ou cultural, em igualdade de condições com o restante da população.

2.2 DEFICIÊNCIA E OS MODELOS DE SUA CONCEPÇÃO NO ÂMBITO INTERNACIONAL

Começamos por estabelecer que a terminologia apropriada é pessoas com deficiência. A redefinição conceitual em relação à deficiência foi delineada pela Convenção sobre os Direitos das Pessoas com Deficiência, promulgada pela ONU em 2006. O seu artigo inaugural reforça:

> O propósito da presente Convenção é promover, proteger e assegurar o exercício pleno e equitativo de todos os direitos humanos e liberdades fundamentais por todas as pessoas com deficiência, promover o respeito pela sua dignidade inerente. Pessoas com deficiência são aquelas que têm impedimentos de longo prazo de natureza física, metal, intelectual ou sensorial, os quais, em interação com diversas barreiras podem obstruir sua participação plena e efetiva na sociedade em igualdades de condições com as demais pessoas.

Assim, é fundamental reconhecer que a deficiência é um produto da interação entre a pessoa e seu ambiente, em vez de atribuí-la às características intrínsecas da pessoa, como era feito no passado não tão distante. Sabemos que uma pessoa autista não deve ser definida pelas deficiências sensoriais ou neurológicas, por exemplo. A deficiência é determinada pelo grau de desafio enfrentado na busca de inclusão social e integração na sociedade.

Cumpre esclarecer que através do Decreto Legislativo nº 186 de 09 de julho de 2008 e do Decreto de Promulgação nº 6949 de 25 de agosto de 2009, o Brasil ratificou a Convenção Internacional sobre os Direitos das Pessoas com Deficiência da ONU e a incorporou ao nosso sistema constitucional, adotando a expressão "pessoa com deficiência."

Vale lembrar, que o termo "portadores de deficiência" deve ser banido, visto que remete a algo que se "porta", denotando aquilo que se carrega de forma meramente transitória. Contudo, a deficiência é na maioria dos casos permanente. Além disso, o termo pode estigmatizar, ao deixar a deficiência como característica central, prejudicando o modo como a pessoa se enxerga no mundo. Isso não converge com um modelo inclusivo de busca da igualdade e não discriminação.

Sobre o assunto, destaca-se que, depois de discussões sobre o uso do termo "portador", chegou-se à conclusão de que a forma mais apropriada é utilizar "com" – ou seja, "pessoa com deficiência". Quanto mais natural for a referência à deficiência, da mesma maneira como se faz com qualquer outra característica da pessoa, mais autêntico e legitimado se torna o texto. Além disso, não é necessário empregar o mesmo termo de maneira invariável. A fim de facilitar e evitar a necessidade de utilizar sempre a mesma expressão, pode-se variar na escolha de palavras, mantendo, no entanto, o respeito e a consideração por "pessoa com deficiência".[19]

Quadro 1 – Evolução dos Termos e Conceitos Relacionados à Deficiência

ÉPOCA	TERMOS E SIGNIFICADOS	VALOR DA PESSOA
No começo da história, durante séculos. Romances, nomes de instituições, leis, mídia e outros meios mencionavam "os inválidos". Exemplos: "A reabilitação profissional visa a proporcionar aos beneficiários inválidos ..." (Decreto federal nº 60.501, de 14/3/67, dando nova redação ao Decreto nº 48.959-A, de 19/9/60).	"os inválidos". O termo significava "indivíduos sem valor". Em pleno século 20, ainda se utilizava este termo, embora já sem nenhum sentido pejorativo. Outro exemplo: "Inválidos insatisfeitos com lei relativa aos ambulantes" (Diário Popular, 21/4/76).	Aquele que tinha deficiência era tido como socialmente inútil, um peso morto para a sociedade, um fardo para a família, alguém sem valor profissional. Outros exemplos: "Servidor inválido pode voltar" (Folha de S. Paulo, 20/7/82). "Os cegos e o inválido" (IstoÉ, 7/7/99).

---

[19] FÁVERO, Eugênia Augusta Gonzaga. **Direito das Pessoas com Deficiência: Garantia de Igualdade na Diversidade**. Rio de Janeiro: WVA, 2007, p. 22.

ÉPOCA	TERMOS E SIGNIFICADOS	VALOR DA PESSOA
Século 20 até ± 1960. "Derivativo para incapacitados" (Shopping News, Coluna Radioamadorismo, 1973). "Escolas para crianças incapazes" (Shopping News, 13/12/64). Após a I e a II Guerras Mundiais, a mídia usava o termo assim: "A guerra produziu incapacitados", "Os incapacitados agora exigem reabilitação física".	**"os incapacitados"**. O termo significava, de início, "indivíduos sem capacidade" e, mais tarde, evoluiu e passou a significar "indivíduos com capacidade residual". Durante várias décadas, era comum o uso deste termo para designar pessoas com deficiência de qualquer idade. Uma variação foi o termo "os incapazes", que significava "indivíduos que não são capazes" de fazer algumas coisas por causa da deficiência que tinham.	Foi um avanço da sociedade reconhecer que a pessoa com deficiência poderia ter capacidade residual, mesmo que reduzida. Mas, ao mesmo tempo, considerava-se que a deficiência, qualquer que fosse o tipo, eliminava ou reduzia a capacidade da pessoa em todos os aspectos: físico, psicológico, social, profissional etc.
De ± 1960 até ± 1980. "Crianças defeituosas na Grã-bretanha tem educação especial" (Shopping News, 31/8/65). No final da década de 50, foi fundada a Associação de Assistência à Criança Defeituosa – AACD (hoje denominada Associação de Assistência à Criança Deficiente). Na década de 50 surgiram as primeiras unidades da Associação de Pais e Amigos dos Excepcionais - Apae.	**"os defeituosos"**. O termo significava "indivíduos com deformidade" (principalmente física). **"os deficientes"**. Este termo significava "indivíduos com deficiência" física, mental, auditiva, visual ou múltipla, que os levava a executar as funções básicas de vida (andar, sentar-se, correr, escrever, tomar banho etc.) de uma forma diferente daquela como as pessoas sem deficiência faziam. E isto começou a ser aceito pela sociedade. **"os excepcionais"**. O termo significava "indivíduos com deficiência mental".	A sociedade passou a utilizar estes três termos, que focalizam as deficiências em si sem reforçarem o que as pessoas não conseguiam fazer como a maioria. Simultaneamente, difundia-se o movimento em defesa dos direitos das pessoas superdotadas (expressão substituída por "pessoas com altas habilidades" ou "pessoas com indícios de altas habilidades"). O movimento mostrou que o termo "os excepcionais" não poderia referir-se exclusivamente aos que tinham deficiência mental, pois as pessoas com superdotação também são excepcionais por estarem na outra ponta da curva da inteligência humana.

ÉPOCA	TERMOS E SIGNIFICADOS	VALOR DA PESSOA
De 1981 até ± 1987. Por pressão das organizações de pessoas com deficiência, a ONU deu o nome de "Ano Internacional das Pessoas Deficientes" ao ano de 1981. E o mundo achou difícil começar a dizer ou escrever "pessoas deficientes". O impacto desta terminologia foi profundo e ajudou a melhorar a imagem destas pessoas.	**"pessoas deficientes".** Pela primeira vez em todo o mundo, o substantivo "deficientes" (como em "os deficientes") passou a ser utilizado como adjetivo, sendo-lhe acrescentado o substantivo "pessoas". A partir de 1981, nunca mais se utilizou a palavra "indivíduos" para se referir às pessoas com deficiência.	Foi atribuído o valor "pessoas" àqueles que tinham deficiência, igualando-os em direitos e dignidade à maioria dos membros de qualquer sociedade ou país. A Organização Mundial de Saúde (OMS) lançou em 1980 a Classificação Internacional de Impedimentos, Deficiências e Incapacidades, mostrando que estas três dimensões existem simultaneamente em cada pessoa com deficiência.
De ± 1988 até ± 1993. Alguns líderes de organizações de pessoas com deficiência contestaram o termo "pessoa deficiente" alegando que ele sinaliza que a pessoa inteira é deficiente, o que era inaceitável para eles.	**"pessoas portadoras de deficiência".** Termo que, utilizado somente em países de língua portuguesa, foi proposto para substituir o termo "pessoas deficientes". Pela lei do menor esforço, logo reduziram este termo para "portadores de deficiência".	O "portar uma deficiência" passou a ser um valor agregado à pessoa. A deficiência passou a ser um detalhe da pessoa. O termo foi adotado nas Constituições federal e estaduais e em todas as leis e políticas pertinentes ao campo das deficiências. Conselhos, coordenadorias e associações passaram a incluir o termo em seus nomes oficiais.
De ± 1990 até hoje. O art. 5° da Resolução CNE/CEB n° 2, de 11/9/01, explica que as necessidades especiais decorrem de três situações, uma das quais envolvendo dificuldades vinculadas a deficiências e dificuldades não-vinculadas a uma causa orgânica.	**"pessoas com necessidades especiais".** O termo surgiu primeiramente para substituir "deficiência" por "necessidades especiais". Daí a expressão **portadores de necessidades especiais**. Depois, esse termo passou a ter significado próprio sem substituir o nome "pessoas com deficiência".	De início, "necessidades especiais" representava apenas um novo termo. Depois, com a vigência da Resolução n° 2, "necessidades especiais" passou a ser um valor agregado tanto à pessoa com deficiência quanto a outras pessoas.

ÉPOCA	TERMOS E SIGNIFICADOS	VALOR DA PESSOA
Mesma época acima. Surgiram expressões como "crianças especiais", "alunos especiais", "pacientes especiais" e assim por diante numa tentativa de amenizar a contundência da palavra "deficientes".	**"pessoas especiais".** O termo apareceu como uma forma reduzida da expressão "pessoas com necessidades especiais", constituindo um eufemismo dificilmente aceitável para designar um segmento populacional.	O adjetivo "especiais" permanece como uma simples palavra, sem agregar valor diferenciado às pessoas com deficiência. O "especial" não é qualificativo exclusivo das pessoas que têm deficiência, pois ele se aplica a qualquer pessoa.
Em junho de 1994. A Declaração de Salamanca preconiza a educação inclusiva para todos, tenham ou não uma deficiência.	**"pessoas com deficiência"** e pessoas sem deficiência, quando tiverem necessidades educacionais especiais e se encontrarem segregadas, têm o direito de fazer parte das escolas inclusivas e da sociedade inclusiva.	O valor agregado às pessoas é o de elas fazerem parte do grande segmento dos excluídos que, com o seu poder pessoal, exigem sua inclusão em todos os aspectos da vida da sociedade. Trata-se do empoderamento.
Em maio de 2002. O Frei Betto escreveu no jornal O Estado de S. Paulo um artigo em que propõe o termo "portadores de direitos especiais" e a sigla PODE. Alega o proponente que o substantivo "deficientes" e o adjetivo "deficientes" encerram o significado de falha ou imperfeição enquanto que (*sic*) a sigla PODE exprime capacidade. O artigo, ou parte dele, foi reproduzido em revistas especializadas em assuntos de deficiência.	**"portadores de direitos especiais".** O termo e a sigla apresentam problemas que inviabilizam a sua adoção em substituição a qualquer outro termo para designar pessoas que têm deficiência. O termo "portadores" já vem sendo questionado por sua alusão a "carregadores", pessoas que "portam" (levam) uma deficiência. O termo "direitos especiais" é contraditório porque as pessoas com deficiência exigem equiparação de direitos e não direitos especiais. E mesmo que defendessem direitos especiais, o nome "portadores de direitos especiais" não poderia ser exclusivo das pessoas com deficiência, pois qualquer outro grupo vulnerável pode reivindicar direitos especiais.	Não há valor a ser agregado com a adoção deste termo, por motivos expostos na coluna ao lado e nesta. A sigla PODE, apesar de lembrar "capacidade", apresenta problemas de uso: 1) Imaginem a mídia e outros autores escrevendo ou falando assim: "Os Podes de Osasco terão audiência com o Prefeito...", "A Pode Maria de Souza manifestou-se a favor ...", "A sugestão de José Maurício, que é um Pode, pode ser aprovada hoje ..." 2) Pelas normas brasileiras de ortografia, a sigla PODE precisa ser grafada "Pode". Norma: Toda sigla com mais de 3 letras, pronunciada como uma palavra, deve ser grafada em caixa baixa com exceção da letra inicial.

ÉPOCA	TERMOS E SIGNIFICADOS	VALOR DA PESSOA
De ± 1990 até hoje e além. A década de 90 e a primeira década do século 21 e do Terceiro Milênio estão sendo marcadas por eventos mundiais, liderados por organizações de pessoas com deficiência.	**"pessoas com deficiência"** passa a ser o termo preferido por um número cada vez maior de adeptos, boa parte dos quais é constituída por pessoas com deficiência que, no maior evento ("Encontrão") das organizações de pessoas com deficiência, realizado no Recife em 2000, conclamaram o público a adotar este termo. Elas esclareceram que não são "portadoras de deficiência" e que não querem ser chamadas com tal nome.	Os valores agregados às pessoas com deficiência são: 1) o do empoderamento [uso do poder pessoal para fazer escolhas, tomar decisões e assumir o controle da situação de cada um] e 2) o da responsabilidade de contribuir com seus talentos para mudar a sociedade rumo à inclusão de todas as pessoas, com ou sem deficiência.

Fonte: SASSAKI, Romeu. **Vida Independente: história, movimento, liderança, conceito, filosofia e fundamentos**. São Paulo: RNR, 2003, p. 12-16

Os princípios que levaram ao uso da expressão "pessoas com deficiência" foram expostos de forma didática por Sassaki:

> 1. Não esconder ou camuflar a deficiência; 2. Não aceitar o consolo da falsa idéia de que todo mundo tem deficiência; 3. Mostrar com dignidade a realidade da deficiência; 4. Valorizar as diferenças e necessidades decorrentes da deficiência; 5. Combater neologismos que tentam diluir as diferenças, tais como "pessoas com capacidades especiais", "pessoas com eficiências diferentes", "pessoas com habilidades diferenciadas", "pessoas deficientes", "pessoas especiais", "é desnecessário discutir a questão das deficiências porque todos nós somos imperfeitos", "não se preocupem, agiremos como avestruzes com a cabeça dentro da areia" (i.é, "aceitaremos vocês sem olhar para as suas deficiências"); 6. Defender a igualdade entre as pessoas com deficiência e as demais pessoas em termos de direitos e dignidade, o que exige a equiparação de oportunidades para pessoas com deficiência atendendo às diferenças individuais e necessidades especiais, que não devem ser ignoradas; 7. Identificar nas diferenças todos os direitos que lhes são pertinentes e a partir daí encontrar

medidas específicas para o Estado e a sociedade diminuírem ou eliminarem as "restrições de participação" (dificuldades ou incapacidades causadas pelos ambientes humano e físico contra as pessoas com deficiência).[20]

No cenário internacional, as formas de compreender, interpretar e lidar com a deficiência, em geral, se organizam em quatro modelos: caritativo, médico, social e o fundamentado em direitos. Contudo, a perspectiva relacional de deficiência adotada pelos modelos social e o baseado nos direitos se destacam.

O modelo caritativo enxerga as pessoas com deficiência como vitimizadas pela sua própria incapacidade.[21] Esse modelo é baseado na representação das pessoas com deficiência como vítimas de uma eventual incapacidade. Nesse contexto, a deficiência é encarada como um déficit, resultante da impossibilidade de realizar atividades consideradas comuns, tais como andar, falar, enxergar, aprender ou trabalhar. Isso contribui para a ideia de que essas pessoas são obstadas de levar uma vida autônoma e independente. Em suma, a deficiência é percebida como uma tragédia ou fonte de sofrimento, o que leva à correlação da necessidade de serviços e instituições especiais, bem como à prestação de cuidados caridosos e assistenciais. O foco está na assistência e caridade, em vez de capacitar as pessoas com deficiência a desfrutarem de uma vida plena e participativa na sociedade.

Em se tratando do modelo médico (ou individual), podemos dizer que ele enxerga as pessoas com deficiência como indivíduos com problemas físicos que requerem cura:

> Isto impele as pessoas com *deficiência* para o papel passivo de pacientes. O objetivo dessa abordagem é "normalizar" as pessoas com *deficiência*, o que naturalmente implica que sejam, de um modo ou de outro, anormais. A questão da *deficiência* fica limitada à problemática individual: é a pessoa com *deficiência* que precisa ser mudada, não a sociedade ou o ambiente à sua volta.
>
> De acordo com o modelo médico, as pessoas com *deficiência* precisam de serviços especiais, tais como sistemas de transporte especial e assistência social. É para isso que existem instituições especiais, por exemplo, hospitais, escolas especiais

---

[20] SASSAKI, Romeu. **Vida Independente: história, movimento, liderança, conceito, filosofia e fundamentos.** São Paulo: RNR, 2003, p. 12-16.

[21] MOREIRA, A. J. **O deficiente do trabalho: considerações gerais de enquadramento.** Direito e Justiça, v. 1, n. Especial, p. 275-293, 1 jan. 2015, p. 282.

> ou empregos protegidos onde profissionais como assistentes sociais, profissionais da saúde, terapeutas, professores de educação especial decidem e oferecem tratamento especial, educação especial e ocupações especiais. [22]

A preeminência do modelo médico veio acentuar a ênfase na determinação clínica da deficiência, direcionando a atenção para os aspectos funcionais deficitários das pessoas com deficiência. Existe a comparação entre os estados individuais saudáveis e patológicos do sujeito, que são predominantemente percebidos com base em sua condição orgânica. A abordagem coloca um foco central na perspectiva médica e nas deficiências físicas, em detrimento de uma visão mais abrangente dos aspectos sociais, psicológicos e funcionais da deficiência.

Esses enfoques se fundamentam em normas capacitistas que, segundo Foresti, Bousfiel resultam em:

> a) PCD ser a única responsável pela sua condição; b) as estratégias são direcionadas principalmente à reabilitação do corpo para adequá-lo às normas e assim, ser reconhecido como humano; c) hierarquização das condições de deficiência, d) uma condição precária na medida em que o Estado-nação não garante a adequação dos espaços com base na diversidade corporal (Gesser, 2019); contribuindo assim, com opressões e preconceitos. Essas práticas, vão de encontro com o favorecimento da acessibilidade para a participação social das PCD, uma vez que não contribuem com a modificação do contexto social (Gesser, 2012). Cabe ressaltar que, por vezes, as PCD podem necessitar de atendimento médico e/ou de contribuições da medicina. Porém, a medicina não é a única, nem a melhor estrutura para entender a complexidade da experiência da deficiência (Tayor, 2017).[23]

Por outro lado, o modelo social, que teve origem nos Estados Unidos em 1962, na Universidade de Berkeley, nasceu como uma resposta às reivindicações dos estudantes da Universidade da Califórnia para remover as barreiras tanto físicas quanto sociais que estavam enfrentando. Ele destaca a importância do reconhecimento dos direitos sociais das pessoas com deficiência, bem como o seu reconhecimento pela sociedade e o respeito às suas particularidades.

---

[22] Web Archive: http://www.making-prsp-inclusive.org/pt/6-deficiencia/61-o-que-e-deficiencia/611-os-quatro-modelos.html. Acesso em: 14 de outubro de 2023.

[23] FORESTI, Taimara; BOUSFIELD, Andréa Barbará da Silva. **A compreensão da deficiência a partir das teorias dos modelos médico e social**. Revista Psicologia Política, vol. 22, no. 55, São Paulo, dezembro de 2022.

Baseado nos estudos do Handicap Internacional:

> O "Modelo Social" vê a deficiência como um resultado do modo como a sociedade está organizada. Como a sociedade não está bem organizada, as pessoas com deficiência enfrentam os seguintes tipos de discriminação e barreiras à participação:
>
> - de atitude: expressa-se em medo, ignorância e baixas expectativas.
>
> - do meio: resulta na inacessibilidade física que afeta todos os aspectos da vida (lojas, prédios públicos, templos, etc.); e
>
> - institucional: são as discriminações de caráter legal. Pessoas com deficiências são excluídas de certos direitos (por ex., não poder casar e ter filhos), exclusão das escolas etc.
>
> - Esses três tipos de barreiras tornam as pessoas com deficiência incapazes de assumir o controle das suas próprias vidas. De acordo com o modelo social, a deficiência não depende apenas do indivíduo, mas também do meio social, que pode ser limitador ou capacitador de várias maneiras. Alguém que usa cadeira de rodas poderá ser considerada deficiente se ainda for capaz de conduzir automóvel ou andar de motocicleta e se a sua casa, lugar de trabalho e outros edifícios forem acessíveis?[24]

Essas barreiras são responsáveis, por exemplo, pelo sentimento de vergonha que muitos adultos com diagnóstico tardio de autismo enfrentam ao compartilhar sua condição com os outros. As adaptações no trabalho não ocorrem, nesses casos, devido ao temor do que esse cenário novo poderá acarretar. Infelizmente, a sociedade muitas vezes está mais inclinada a oprimir do que a acolher o diferente, dificultando a vida plena das pessoas com deficiência.

Um dos pioneiros do modelo social da deficiência no Reino Unido foi Paul Hunt, um sociólogo que tinha uma deficiência física. Ele liderou um grupo de ativistas que desafiou a visão médica predominante da deficiência, que a considerava como um problema individual a ser corrigido ou curado. Hunt argumentava que a deficiência era uma questão de opressão social e discriminação, e que as pessoas com deficiência deveriam ter direitos civis e plena participação na sociedade.

---

[24] web.archive.org/web/20171105201508/http://www.making-prsp-inclusive.org/pt/6-deficiencia/61-o-que--e-deficiencia/611-os-quatro-modelos.html. Acesso em: 14 de outubro de 2023.

Na Inglaterra, em 1962, um grupo de residentes da instituição "Le Home Court Cheshire", que cuidava de pessoas com deficiências físicas, foi liderado por Paul Hunt e o grupo reivindicava, principalmente, maior autonomia e liberdade:

> Queríamos ter representação na gestão da instituição, controle sobre nossa liberdade individual, expressa em liberdades como escolher a nossa hora de dormir, ingerir bebidas alcoólicas, liberdade para se relacionar e fazer sexo sem interferências, liberdade para sair do prédio sem ter de notificar as "autoridades". Acreditamos que especialistas em dinâmicas de grupos podiam nos ajudar a nos tornar parte mais ativa na tomada de decisões sobre nós mesmos[25]

Em 1966, o ativista publicou o livro "Stigma: The Experience of Disability", no qual compartilhou as experiências de vida de pessoas com diversas formas de deficiência. Esse livro representou um marco na história do movimento pelos direitos das pessoas com deficiência e inspirou muitos outros a se organizarem e a lutar por mudanças.[26]

Hunt é amplamente reconhecido como o pioneiro na coordenação política das pessoas com deficiência na Inglaterra, um marco que culminou na formação do movimento das pessoas com deficiência, como destacado por Barnes e Mencer em 1996. Neste contexto, nasceu a UPIAS, que é a sigla para *Union of the Physically Impaired Against Segregation* (União dos Fisicamente Impedidos Contra a Segregação). Essa organização desempenhou um papel crucial na conceituação inovadora da deficiência como um fenômeno de natureza social, contribuindo assim para a transformação da perspectiva convencional sobre a deficiência e seu impacto na sociedade.[27]

> Quase uma década após a publicação de "Estigma: a experiência da deficiência", a UPIAS, mediante seus "Fundamentos Principais da Deficiência", apresenta a distinção tornada pedra angular dos Disability Studies, qual seja: a diferenciação entre incapacidade-lesão e deficiência. A primeira é vista como a falta de parte ou da totalidade de um membro, órgão ou sentido não funcional, portanto, refere-se às condições

---

[25] HUNT, Paul. **Settling Accounts With The Parasite People: A Critique of A Live apart By E.J. Miller and G.V. Gwynne**. In: Disability Challenge 1. London: UPIAS, 1981, p.37-50. Disponível em: http://www.leeds.ac.uk/disabilitystudies/archiveuk/archframe.htm.

[26] HARLOS, Franco Ezequiel. **Sociologia da deficiência: vozes por significados e práticas (mais) inclusivas.** 2012. 201 f. Dissertação (Mestrado em Ciências Humanas) - Universidade Federal de São Carlos, São Carlos, 2012.

[27] FRANÇA, Tiago Henrique. **Modelo Social da Deficiência: uma ferramenta sociológica para a emancipação social. Lutas Sociais**, São Paulo, v. 17 n. 31, p.59-73, jul./dez. 2013.

biofísicas do indivíduo, em clara alusão ao referencial médico; enquanto a deficiência trata-se de restrições derivadas de um conjunto de opressões sociais em relação à corpos tidos como extranormativos. Singular, nesse sentido, se mostra a definição tornada clássica pela UPIAS.

A nosso ver, é a sociedade que desabilita deficientes físicos (*sic*). A deficiência é algo imposto sobre nossos impedimentos pela forma como somos desnecessariamente isolados e excluídos da plena participação em sociedade. Pessoas com deficiência são, portanto, um grupo oprimido na sociedade. Para entender isso, é necessário compreender a distinção entre o impedimento físico e a situação social, chamada de 'deficiência'. Assim, definimos impedimento como falta de parte ou de todo um membro, ou a existência de um membro defeituoso, órgão ou mecanismo do corpo; e deficiência como desvantagem ou restrição de atividade causada por uma organização social contemporânea que leva pouco ou nada em conta as necessidades das pessoas com deficiências físicas e, portanto, as exclui da participação no mainstream das atividades sociais. A deficiência física é, portanto, uma forma particular de opressão social.[28]

Finalmente, o modelo centrado nos direitos tem como foco principal a promoção dos direitos humanos, estabelecendo a igualdade de oportunidades como um princípio fundamental. Ele rejeita abordagens filantrópicas e caritativas, optando, em seu lugar, por afirmar o direito fundamental à igualdade de tratamento, à não discriminação, à autonomia e à valorização da diversidade humana.[29]

Ainda sobre esse modelo em comento, Laraia sinaliza:

O modelo baseado em direitos é semelhante ao do modelo social. Por ele, a sociedade precisa mudar para garantir que todos, inclusive as pessoas com deficiência, tenham oportunidades iguais. A legislação e as políticas públicas proporcionarão essa mudança. O modelo baseado em direitos tem fundamento nos direitos humanos que todos podem reivindicar. Os dois elementos principais desse modelo são o empoderamento, assim entendido como a participação das pessoas com deficiência, e a responsabilidade das instituições públicas em implementar os direitos das pessoas com deficiência.[30]

---

[28] *Ibid.*

[29] MOREIRA, A. J. **O deficiente do trabalho: considerações gerais de enquadramento.** Direito e Justiça, v. 1, n. Especial, p. 275-293, 1 jan. 2015, p. 282.

[30] LARAIA, Maria Ivone Fortunato. **A pessoa com deficiência e o direito ao trabalho.** 2009. 197 p. Dissertação (Mestrado em Direito) – Pontifícia Universidade Católica de São Paulo, São Paulo, 2009.

O quadro a seguir é utilizado para exemplificar algumas das visões a respeito da deficiência e suas implicações:

Quadro 2 – Modelos de Enfoque e Suas Implicações na Percepção da Deficiência

Situação	Modelo caritivo	Modelo médico	Modelo Social	Modelo baseado em direitos
Moças em cadeiras de rodas	"Que pena, esta linda mulher presa a uma cadeira de rodas nunca poderá casar, ter filhos e cuidar da sua família"	"Oh, coitada daquela moça, devia ir ao médico e conversar com ele se há alguma terapia que possa fazê-la voltar a andar como todo mundo."	"A comunidade devia mesmo construir rampas em frente dos prédios públicos para as pessoas como ela possam participar da vida social."	"Quando ela tiver um emprego, o empregador terá de construir salas acessíveis. É direito dela!"
Homem com deficiência intelectual	"Coitado daquele homem confuso; parece ser retardado mental, seria melhor para ele viver numa casa em que alguém cuidasse dele."	"Talvez exista algum remédio ou tratamento que possa melhorar a percepção dele. Devia tentar um psiquiatra."	"É uma boa solução o fato de ele viver com o irmão, com pessoas não-deficientes à sua volta."	Onde será que ele quer morar? Vamos perguntar-lhe!"
Pais de filha com deficiência auditiva	"Deve ser muito ter uma filha e saber que ela nunca conseguirá viver por conta própria."	"Tenho certeza que daqui a uns anos haverá um aparelho auditivo com o qual essa menina possa ouvir melhor."	"Todos nós devíamos aprender a língua de sinais para podermos nos comunicar com essa criança e todas as pessoas deficientes auditivas."	"Quando essa criança crescer, vai poder fazer faculdade se quiser."

Fonte: LARAIA, Maria Ivone Fortunato. **A pessoa com deficiência e o direito ao trabalho.** 2009

As diversas concepções internacionais sobre deficiência ao longo do tempo refletem a evolução do pensamento e da sociedade. Do modelo caritativo, centrado na ideia de caridade e compaixão, ao modelo médico, que via a deficiência como uma condição a ser tratada e corrigida, e então ao modelo social, que destacava as barreiras sociais como o verdadeiro obstáculo para a inclusão, culminando no modelo baseado em direitos, que enfatiza a igualdade, autonomia e respeito pelos direitos das pessoas com deficiência.

Esses modelos não apenas representam mudanças nas percepções, mas também impulsionaram políticas e práticas que visam garantir a inclusão e a participação plena das pessoas com deficiência na sociedade. A transição de uma visão assistencialista para uma perspectiva baseada em direitos foi fundamental para a promoção da igualdade de oportunidades e para desafiar estereótipos e preconceitos arraigados.

No entanto, apesar do progresso, ainda enfrentamos desafios significativos. A implementação eficaz desses modelos requer mudanças legislativas e uma transformação cultural e social mais abrangente. É crucial continuar promovendo a conscientização, a educação inclusiva e a eliminação de barreiras físicas e atitudinais para alcançar uma sociedade verdadeiramente inclusiva. Nessa sociedade, as pessoas com deficiência serão aceitas e terão suas habilidades valorizadas.

2.3 ASPECTOS HISTÓRICO-EVOLUTIVOS DO AUTISMO

As décadas de 1930 a 1950 marcam um período importante na história do entendimento do autismo. Foi nesse intervalo de tempo que os primeiros passos foram dados para desvendar esse complexo transtorno do desenvolvimento. No centro desse marco histórico estão os trabalhos de dois renomados pesquisadores: Leo Kanner e Hans Asperger.

As pesquisas pioneiras de Kanner e Asperger lançaram as bases para a identificação e diagnóstico do autismo. Suas observações sobre as características essenciais do autismo foram fundamentais para a evolução do conceito e a posterior elaboração de critérios diagnósticos. Além disso, esses estudos iniciais trouxeram à tona a necessidade de uma abordagem multidisciplinar para entender e tratar o autismo, destacando a importância da psiquiatria, psicologia, pedagogia e neurociência.

Todavia, é importante notar que, embora esses estudos tenham sido pioneiros e fundamentais para a compreensão inicial do autismo, eles também carregavam limitações, como a falta de ênfase na perspectiva dos indivíduos autistas e a tendência a patologizar o transtorno. Essas limitações seriam posteriormente abordadas nas décadas seguintes à medida que a pesquisa sobre a condição continuava a se expandir.

2.3.1 Leo Kanner e o autismo "clássico"

No ano de 1911, o psiquiatra austríaco Eugen Bleuler iniciou seus estudos sobre as pessoas com Transtorno do Espectro Autista que, na época, viviam isoladas socialmente e eram erroneamente tratadas como esquizofrênicas, ou seja, consideradas doentes mentais[31]. Bleuler foi o pioneiro a empregar a palavra "Autismo", originada do termo grego "Autos", significando "voltar-se para si mesmo".

Conforme preleciona Berend Verhoeff:

> Juntamente com o afrouxamento da associação, a ambivalência e a inadequação afetiva (Berrios, 1996), o autismo era um dos principais sintomas da esquizofrenia, caracterizando-se por "um afastamento definitivo do mundo externo" (Bleuler, citado em Kanner, 1973: 94).[5] Na década seguinte à sua introdução, o uso do termo por Bleuler começou a se desenvolver e se expandir para incluir uma forma mais moderada e não patológica de 'pensamento autista' que incluía devaneio e fantasia (ver Bleuler, 1919).[32]

No entanto, de acordo com Frith,

> "o pensamento autista no sentido de Bleuler não tem nada a ver com o autismo como o conhecemos". Verhoeff sinaliza, por fim: Talvez, se pensarmos nos processos recursivos que atuam na reescrita da história do autismo, é por causa da atual desconexão entre autismo e esquizofrenia que Bleuler parece ter desaparecido da história da disciplina.[33]

Apenas em 1943, Leo Kanner, psiquiatra austríaco-americano, publicou um estudo seminal intitulado "Distúrbios Autísticos do Contato Afetivo". Neste estudo, Kanner descreveu 11 crianças que compartilhavam características notáveis, como dificuldades na comunicação social, padrões de comportamento repetitivos e intensa resistência à mudança. Kanner

---

[31] GARRABÉ DE LARA, Jean. **El autismo: história e classificações**. Salud Mental, v. 35, p. 257-261, 2012.

[32] VERHOEFF, Berend. **Autism in flux: a history of the concept from Leo Kanner to DSM-5**. History of Psychiatry, v. 24, n. 4, dezembro de 2013. Disponível em: https://journals.sagepub.com/doi/10.1177/0957154x13500584. Acesso em: 03 de outubro de 2023.

[33] *Ibid.*

cunhou o termo "autismo infantil precoce" para descrever esse conjunto de sintomas, utilizando o termo "autismo" formulado por Eugen Bleuler como um dos principais sintomas da esquizofrenia:

O "isolamento autístico extremo" as levava a negligenciar, ignorar ou recusar o contato com o ambiente, e esse comportamento podia estar presente desde os primeiros meses de vida. Assim, algumas mães costumavam recordar que o filho não mostrava uma atitude corporal antecipatória, não inclinando o rosto nem movendo os ombros antes de ser levado ao colo. Uma vez no colo, o filho não ajustava seu corpo ao daquele que o carregava. Além disso, a criança podia não apresentar mudanças em sua expressão facial ou posição corporal quando os pais voltavam para casa, se aproximavam e falavam com ela. A maior parte desses sinais precocíssimos era identificada retrospectivamente, de modo que os 39 problemas na aquisição da fala costumavam ser os primeiros sinais inequívocos de que algo estava errado. Três das crianças de Kanner não adquiriram a fala ou muito raramente a usavam; as demais falaram na idade prevista ou pouco depois. Nelas, porém, a linguagem verbal não tinha função de comunicação, pois consistia da reunião de palavras sem ordenação e aparentemente sem sentido ou de repetições de informações decoradas, como listas de animais, presidentes ou trechos de poemas. Essa "excelente capacidade de memorização decorada" mostrava que a linguagem havia sido "consideravelmente desviada para se tornar um exercício de memória autossuficiente, sem valor conversacional e semântico, ou grosseiramente distorcido". As crianças também tinham dificuldades em generalizar conceitos, tendendo a usá-los de modo literal e associados ao contexto no qual foram ouvidos pela primeira vez. Até os 5 ou 6 anos, apresentavam ecolalia e não usavam o pronome "eu" para se referirem a si mesmas. Para manifestarem um desejo ou uma aquiescência, elas repetiam, com a mesma entonação, a frase ou a pergunta que haviam escutado de outrem. Segundo Kanner, tudo o que vinha do exterior era experimentado por essas crianças como uma "intrusão assustadora", o que explicava não só a tendência de ignorar o que lhes era perguntado, mas também a recusa de alimentos e o desespero provocado por barulhos fortes ou objetos em movimento. Os ruídos ou movimentos repetidos produzidos por elas próprias, entretanto, não eram acompanhados de manifestações de angústia. Kanner descreveu em tais crianças um "desejo obsessivo e ansioso pela manutenção da uniformidade", que as fazia preferir tudo o que se mostrava repetitivo, rotineiro e esquemático. Mudanças – fossem de residência, nos trajetos a serem percorridos, na sequência de ações cotidianas ou na posição dos objetos da casa – provocavam-lhes crises de ansiedade e desespero. O medo da mudança e da incompletude as levava, segundo o autor, à restrição de sua espontaneidade e à ritualização do comportamento no dia a dia. Havia nelas sempre uma boa relação com os objetos, especialmente aqueles que não modificavam sua aparência e posição. As relações com as pessoas, por outro lado, estavam gravemente perturbadas, havendo a tendência dessas crianças de circular entre os presentes aparentando não os distinguir dos móveis do ambiente. Por vezes, tais crianças se dirigiam a partes dos corpos dos outros com o objetivo de retirar um pé ou um braço que funcionava como obstáculo ao que elas queriam alcançar. Não olhavam os outros no rosto, não se interessavam pelo que os adultos conversavam e se eram por eles interpeladas, elas não respondiam, a não ser que se insistisse muito. Na presença de outras crianças, elas permaneciam sozinhas ou nos limites do grupo, não participando de seus jogos. Tudo isso levava Kanner a concluir que "um profundo isolamento domina todo o comportamento" dessas crianças. No decorrer de seu artigo, Kanner dava pistas ambivalentes sobre as origens de tal quadro. Defendia uma "incapacidade inata de estabelecer o contato afetivo habitual e biologicamente previsto com as pessoas, exatamente como as outras crianças vêm ao mundo com deficiências físicas ou intelectuais inatas", mas também sugeriu que os problemas dos filhos teriam alguma articulação com a personalidade dos pais e o tipo de relações precoces estabelecidas entre eles e as crianças.[34]

Segundo Kanner:

A maioria dessas crianças foram trazidas à clínica com diagnóstico de intensa debilidade mental ou de deficiência auditiva. Os testes psicométricos registraram cocientes de inteligência muito baixos, e a falta de reação aos sons, ou resposta insuficiente a estes, confirmaram a hipótese de surdez; mas um exame meticuloso demonstrou que o transtorno básico encobria a capacidade cognitiva das crianças. Em todos os casos se estabeleceu que não havia deficiência auditiva. O

---

[34] MAS, Natalie Andrade. **Transtorno do Espectro Autista – história da construção de um diagnóstico**. Dissertação (Mestrado - Programa de Pós-Graduação em Psicologia Clínica. Instituto de Psicologia, Universidade de São Paulo, 2018.

denominador comum desses pacientes é sua impossibilidade de estabelecer desde o começo da vida conexões ordinárias com as pessoas e as situações. Os pais dizem que eles querem ser autônomos, que se recolhem, que estão contentes quando são deixados sozinhos, que agem como se as pessoas que os rodeiam não estivessem, que dão a impressão de sabedoria silenciosa. As histórias clínicas indicam que há, invariavelmente, desde o começo, uma extrema inclinação à solidão autista, afastando tudo o que do entorno tenta se aproximar deles.[35]

As ideias de Kanner foram rapidamente abraçadas pelo meio científico:

A abordagem etiológica do Autismo Infantil, proposta pelo autor, salientava a existência de uma distorção do modelo familiar, que ocasionaria alterações no desenvolvimento psico-afetivo da criança, decorrente do caráter altamente intelectual dos pais destas crianças. Apesar desta proposição, o autor não deixou de assinalar que algum fator biológico, existente na criança, poderia estar envolvido, uma vez que as alterações comportamentais eram verificadas precocemente, o que dificultaria a aceitação puramente relacional.[36]

Donald Triplett[37] foi a primeira criança que Kanner analisou e uma das suas características era a apresentação de um comportamento frio e a não demonstração de interesse algum pelas pessoas: chegava a ficar horas envolvido com algum objeto.

Contudo, antes de conhecer Kanner, o pequeno tinha passado também por problemas alimentares e isso motivou seus pais – Mary e Beamon – a se renderam à recomendação médica mais comum que se tinha conhecimento: internação no *Preventorium.* – lugar onde crianças brancas e ricas daquela época ficavam "institucionalizadas" na região de Mississipi – Estados Unidos.[38]

---

[35] KANNER, 1966, p. 720, citado por MAS, Natalie Andrade. **Transtorno do Espectro Autista – história da construção de um diagnóstico**. Dissertação (Mestrado - Programa de Pós-Graduação em Psicologia Clínica. Instituto de Psicologia, Universidade de São Paulo, 2018.

[36] KANNER, Leo. **Autistic disturbances of affective contact. Nervous Child**, 1943;2:217-50, *apud* TAMANAHA, Ana Carina; PERISSINOTO, Jacy; CHIARI, Brasília Maria. **Uma breve revisão histórica sobre a construção dos conceitos do Autismo Infantil e da síndrome de Asperger**. Revista da Sociedade Brasileira de Fonoaudiologia, v. 13, n. 3, 2008.

[37] DONVAN, John; Zucker, CAREN. **Outra sintonia: a história do autismo**. Tradução Luiz A. de Araújo. 1. ed. São Paulo: Companhia das Letras, 2017, p.19.

[38] *Ibid*, p. 37.

> Na verdade, Donald voltou a comer no Preventorium, ainda que por causa da norma rigorosa que obrigava cada criança a comer tudo que estava no prato. Mas seu isolamento social — o verdadeiro motivo da internação — continuou sendo um problema, de modo que ele permaneceu lá além do limite de três meses, depois de seis meses, de nove e de doze meses. Aos quatro anos, Donald era tanto o residente mais jovem quanto o mais antigo do Preventorium.[39]

A internação das crianças ditas "defeituosas" era a solução mais convidativa para a maioria das famílias. Os pais de crianças que tinham alguma deficiência, na maioria das vezes, queriam esconder a prole que consideravam uma vergonha diante da "perfeição" que a sociedade espera de um ser humano.

Vale lembrar, que durante a primeira metade do século XX, o dicionário da deficiência também incluía "cretino", "ignoramus", "maníaco", "lunático", "mentecapto", "debiloide", "bobo", "demente", "alienado", "esquizoide", "espástico", "débil mental" e "psicótico". Presente em palestras e escritos acadêmicos, esses termos, quando usados pelos médicos, não pretendiam senão ser clinicamente descritivos e específicos. Inevitavelmente, porém, cada uma dessas palavras era cooptada pelo público e empregada fora do contexto clínico com o intuito de zombar, ofender e estigmatizar.

Observando os estudos de Kanner, citado por Menezes, conseguimos extrair que as crianças "autísticas" exibem as seguintes características: propensão ao isolamento, falta de movimentos antecipatórios, desafios na comunicação, perturbações na linguagem, incluindo ecolalia e inversão pronominal, dificuldades comportamentais envolvendo atividades e gestos repetitivos, aversão à mudança e restrição na expressão espontânea. Além disso, eles demonstram um potencial cognitivo considerável, embora não o revelem de imediato, sendo capazes de memorizar grandes quantidades de informações sem sentido ou utilidade prática. Também enfrentam dificuldades motoras abrangentes e problemas relacionados à alimentação.

Com Kanner, a observação da falta de conexão emocional de Donald diante do mundo ao seu redor e a tendência a se isolar em seu próprio mundo interno foi enfatizado – o que não era levado em consideração durante seu tratamento no Preventorium. O estudo do renomado psiquiatra infantil destacou a importância de identificar o autismo como uma entidade distinta, separada de outros transtornos do desenvolvimento.

---

[39] *Ibid*, p. 28

Destaca-se também uma relevante característica para o autismo lembrado por Berend Verhoeff:

> o desejo obsessivo pela preservação da mesmice" com mais detalhes em um estudo separado (Kanner, 1951). Kanner argumentou que a criança autista deseja "viver em um mundo estático, um mundo no qual nenhuma mudança é tolerada ... A menor mudança de arranjos, às vezes tão minúscula que dificilmente é percebida pelos outros, pode evocar uma violenta explosão de raiva" (p. 23). A disposição dos móveis, a disposição dos blocos de brinquedo, contas ou bastões, o caminho preciso para a escola e a posição dos pratos sobre a mesa são exemplos típicos de coisas que não devem ser alteradas. As crianças autistas, concluiu Kanner, encontram "segurança na mesmice, uma segurança que é muito tênue porque as mudanças ocorrem constantemente e, portanto, as crianças são ameaçadas perpetuamente e tentam tensamente afastar essa ameaça à sua segurança.[40]

Alguns anos mais tarde:

> Kanner levantou a hipótese de uma relação entre autismo e "culpa materna", mas coube a Bruno Bettelheim intensificar e propagar tal discussão (Donvan & Zucker, 2017). Embora escrevesse sobre o assunto desde os anos 1950, foi com a publicação do livro"*The empty fortress*"- intitulado no Brasil de "*A fortaleza vazia*"-, em 1967, que Bettelheim obteve reconhecimento dentro e fora do espaço acadêmico, tendo o seu livro vendido mais de 15.000 cópias no final de 1969.[41]

> A partir de três estudos de caso (Laurie, Marcia e Joy), o psicanalista Bettelheim defendeu a tese de que o autismo seria uma patologia de ordem emocional, em que a criança - por não se sentir amparada e acolhida por aqueles que com ela conviviam - optaria por habitar uma "fortaleza vazia" e entregar-se a um estado de não existência. Em suas palavras: "Ao longo deste livro mantenho minha convicção de que, em autismo infantil, o agente precipitador é o desejo de um dos pais de que o filho não existisse.[42]

---

[40] VERHOEFF, **Berend. Autism in flux: a history of the concept from Leo Kanner to DSM-5. History of Psychiatry**, v. 24, n. 4, p. 26, dezembro de 2013. Disponível em: https://journals.sagepub.com/doi/10.1177/0957154x13500584. Acesso em: 03 de outubro de 2023.

[41] LOPES, Bruna Alves. **Autismo, Narrativas Maternas e Ativismo dos Anos 1970 a 2008.** Revista Brasileira de Educação Especial, v. 26, n. 3, julho-setembro de 2020.

[42] BETTELHEIM, B. (1987). **A fortaleza vazia São Paulo**: Martins Fontes, p. 137 *apud* LOPES, Bruna Alves. Autismo, Narrativas Maternas e Ativismo dos Anos 1970 a 2008. Revista Brasileira de Educação Especial, v. 26, n. 3, julho-setembro de 2020.

Embora o psicanalista Bruno Bettelheim não tenha sido o primeiro a colocar a culpa do autismo nas mães, o livro "A Fortaleza Vazia" reafirmou e colocou à tona o que a sociedade da década de 1940 já nutria em suas mentes. Pensamentos que incluíam a preocupação com o desenvolvimento psicológico infantil, a crença na capacidade da psicanálise para explicar fenômenos relacionados à mente e oferecer orientações sobre o cuidado das crianças, bem como a convicção da existência de uma relação entre transtornos e condições de saúde mental com a maternidade considerada inadequada.[43]

Vale ressaltar, porém, que só depois que Kanner falou sobre crianças aprisionadas em "geladeiras emocionais" a psiquiatria olhou mais para o assunto, e a renomada revista "Time" também parou para saber mais sobre o tema. Antes disso, o "autismo infantil" estudado pelo psiquiatra era raramente colocado em discussão pela literatura médica.

A verdade é que muito anos depois Kanner se retratou, mas nunca assumiu que seu artigo culpabilizava de alguma forma os pais. Inclusive, fez questão de deixar claro que tudo não passou de uma citação equivocada.[44]

2.3.2 Hans Asperger e a Síndrome De Asperger

Enquanto Kanner estava conduzindo suas pesquisas nos Estados Unidos, Hans Asperger, psiquiatra austríaco, estava fazendo descobertas igualmente significativas na Europa. Ele descreveu crianças que, apesar de exibirem características autistas, possuíam habilidades intelectuais notáveis em áreas específicas. Asperger chamou essas crianças de "pequenos professores".

Conforme Donvan:

> Os garotos descritos por Asperger se distinguiam em importantes aspectos de Donald e das outras crianças americanas sobre as quais Kanner escrevera no ano anterior, cuja qualidade distintiva, na opinião deste, era a aparente indiferença pelos seres humanos e a repulsa quase cabal por eles. A maioria dos meninos de Asperger, ao contrário, parecia procurar obter uma conexão com os demais, em geral com adultos, mas essas relações eram repletas de ansiedade e solapadas pela personalidade difícil dos garotos, que não despertava simpatia

---

[43] DARRÉ, S. (2013). **Maternidad y tecnologías de género Buenos Aires**: Katz *apud* LOPES, Bruna Alves. **Autismo, Narrativas Maternas e Ativismo dos Anos 1970 a 2008**. Revista Brasileira de Educação Especial, v. 26, n. 3, julho-setembro de 2020.

[44] DONVAN, John; Zucker, Caren. **Outra sintonia: a história do autismo**. Tradução Luiz A. de Araújo. 1. ed. São Paulo: Companhia das Letras, 2017, p.102.

nem compreensão. Eles não conseguiam fazer amizade com outras crianças, que deles caçoavam sem dó. Asperger relatou que com frequência os via, no pátio ou a caminho da escola, às voltas com grupos de provocadores agressivos.[45]

Asperger classificou os garotos ora estudados para sua tese de pós-graduação de "Autistischen Psychopathen" – psicopatas autistas[46].

De acordo com o livro "As crianças de Asperger":

> A definição de psicopatia autista de Asperger era muito mais ampla e incluía aqueles que, em sua opinião, enfrentavam desafios muito mais brandos; as crianças poderiam, por exemplo, falar com fluência e ser capazes de frequentar uma escola regular. O diagnóstico de Asperger permaneceu pouco conhecido durante décadas, até que a proeminente psiquiatra britânica Lorna Wing descobriu a tese de 1944 e, em 1981, divulgou o diagnóstico de "síndrome de Asperger"[47]:

A ideia divulgada pela pesquisadora Lorna Wing chamou a atenção dos estudiosos da psiquiatria. Os atraídos pelos estudos de Asperger deixaram isso bem claro quando, em 1994, a Associação Americana de Psiquiatria incluiu a síndrome de Asperger no DSM-IV. Porém, à medida que o transtorno passou a ser visto como uma forma de autismo "altamente funcional", foi retirado do DSM-V em 2013 e integrado sob o diagnóstico geral de Transtorno do Espectro Autista pela mesma associação.

Apesar da Síndrome de Asperger já ter sido considerada uma condição distinta do autismo de Kanner, "Outra Sintonia" nos lembra que: o objetivo de Wing ao chamar a atenção para o *paper* de Asperger não foi codificar suas observações de 1944 em um diagnóstico autônomo para a era moderna. De sua parte, não via "limites claros a separarem [a síndrome identificada por Asperger] dos outros transtornos autistas" e não previa nem pretendia que o diagnóstico "síndrome de Asperger" — expressão que ela usava apenas em termos descritivos — fosse distribuído a milhares de indivíduos nos Estados Unidos, na Grã-Bretanha, na Irlanda, na Austrália, no Canadá e em muitas outras partes do mundo, ou que fosse definido, na década de 1990, tanto na prática quanto pelos manuais psiquiátricos mais conceituados, como diferente do autismo descrito por Leo Kanner.[48]

---

[45] DONVAN, John; Zucker, Caren. **Outra sintonia: a história do autismo**. Tradução Luiz A. de Araújo. 1. ed. São Paulo: Companhia das Letras, 2017, p.325.

[46] *Ibid*, p.323

[47] SHEFFER, Edith. **Crianças de asperger - as origens do autismo na viena nazista**. 1. ed,. Record, 2019, p. 17.

[48] DONVAN, John; Zucker, Caren. **Outra sintonia: a história do autismo**. Tradução Luiz A. de Araújo. 1. ed. São Paulo: Companhia das Letras, 2017

É correto afirmar que o reconhecimento da síndrome de Asperger na literatura de língua inglesa ocorreu bem mais tarde em comparação com o reconhecimento de Kanner. Somente em 1962, pesquisadores holandeses, Van Krevelen e Kuipers, publicaram um artigo em inglês sobre a síndrome de Asperger, uma vez que sentiram a necessidade de colocar as ideias de Asperger nos países de língua inglesa, regiões que careciam de divulgação. Entretanto, foi apenas na década de 1980, como explanado acima, que o interesse pelo trabalho de Asperger começou a se disseminar no Reino Unido.[49]

Diante do exposto, podemos dizer que a pesquisa de Asperger contribuiu para a compreensão das variações dentro do espectro autista, reconhecendo que não havia uma única apresentação dos autistas, mas sim uma diversidade de maneiras pelas quais o transtorno se manifestava.

2.3.2.1 Entre a descoberta de Asperger e a Eugenia

Os estudos de Asperger indicavam resultados positivos para maioria de seus pacientes, muitos dos quais conseguiam completar a educação básica e levar uma vida mais próximo do normal, pelo menos aos olhos da sociedade:

> Sua observação de traços similares em familiares, i.e. pais, pode também tê-lo tornado mais otimista sobre o desfecho final. Ainda que seu relato tenha sido pouco comprovado durante o período em que ele tinha visto 200 pacientes com a síndrome (25 anos após seu artigo original), Asperger continuava a acreditar que um desfecho mais positivo era um critério central para diferenciar os indivíduos com sua síndrome daqueles com o autismo de Kanner. Ainda que alguns clínicos tenham apoiado informalmente essa afirmação, particularmente com relação a conseguir um bom emprego, independência e o estabelecimento de uma família, não existe nenhum estudo disponível que tenha estudado especificamente o desfecho no longo prazo de indivíduos com SA. O prejuízo social (particularmente as excentricidades e a insensibilidade social) é considerado permanente.[50]

A Síndrome de Asperger (SA) era delineada pela escancarada dificuldade na interação social e limitações no tocante aos interesses e comportamentos. É correto assinalar que em alguns aspectos era possível observar a

---

[49] ROBISON, John E. Kanner, **Asperger, and Frankl: a third man at the genesis of the autism diagnosis**. Revista Autism, volume 20, p. 1-10, 2016.

[50] KLIN, Ami. **Autismo e síndrome de Asperger: uma visão geral**. Revista Brasileira de Psiquiatria, v. 28, Supl I, p. S3-11, 2006.

convergência com o autismo de Kanner. No entanto, em seu desenvolvimento inicial, não se notava atrasos clinicamente significativos na compreensão da linguagem, no desenvolvimento cognitivo, na capacidade de higiene pessoal ou na percepção em relação ao mundo ao seu redor. Além disso, era comum a presença de interesses intensos que consumiam grande parte do tempo diário, assim como a tendência ao discurso monotemático.

De outro ângulo e analisando objetivamente o pediatra Asperger, que estudou de forma criteriosa aquelas crianças de Viena e deixou marcas na literatura médica, até parece ser uma espécie de herói da neurodiversidade, visto que seu trabalho contribuiu para que chegássemos à ideia do espectro autista.

Infelizmente, a verdade por trás de Asperger é sombria e marcada pela defesa da eugenia, na época do Terceiro Reich:

> É difícil conciliar seu papel no programa de eutanásia infantil com seu conhecido apoio às crianças com deficiências. Ambos constam dos registros documentais. Analisar sua obra expõe a natureza dual de suas ações. Ele fazia distinção entre jovens que acreditava serem reabilitáveis e tinham potencial para a "integração social" e jovens que acreditava serem irremediáveis. Embora oferecesse cuidados intensivos e individualizados para as crianças que via como promissoras, prescrevia a dura institucionalização e mesmo a transferência para Spiegelgrund para as que julgava apresentarem deficiências maiores. E não estava sozinho. Seus mais importantes colegas na medicina nazista também defendiam o cuidado compassivo e de primeira linha para crianças que pudessem ser remidas para o Reich e a excisão daquelas que acreditavam serem irremissíveis.[51]

Sheffer continua descrevendo esse momento trágico da nossa história falando sobre os critérios de escolha para perseguição na Viena Nazista e colocando Asperger dentro desse contexto macabro:

> Não demorou muito para se definirem novos grupos para perseguição e morte, uma vez que os habitantes do Reich criavam e implementavam rótulos mutáveis, em vez de um conjunto fixo e impessoal de regras, e categorias elásticas evoluem com o tempo. Nesse regime diagnóstico, algumas pessoas rotuladas como defeituosas eram transformadas para

---

[51] SHEFFER, Edith. **Crianças de asperger - as origens do autismo na viena nazista**. 1ª ed. São Paulo: Record, 2019, p. 19.

se adequarem aos padrões nazistas, em vez de erradicadas. Embora os judeus puros fossem eliminados, algumas pessoas com antecedentes eslavos podiam ser germanizadas e os "avessos ao trabalho" podiam ser ensinados a trabalhar. Similarmente, para Asperger, aqueles no lado "favorável" do autismo podiam aprender "integração social" e mesmo ser reconhecidos por suas "habilidades especiais". Os esforços do Terceiro Reich para criar uma comunidade nacional homogênea significavam a inclusão de algumas pessoas, multiplicando e unificando as que o regime considerava desejáveis, e a exclusão de outras. Os esforços para limpar o corpo político levaram ao Holocausto — o assassinato de mais de 6 milhões de judeus no maior genocídio da história —, assim como a numerosos outros programas de eliminação sistemática. O Reich matou mais de 200 mil pessoas consideradas portadoras de deficiências, 220 mil "ciganos" (roma e sinti) e grandes segmentos das populações da Europa Oriental e da União Soviética, incluindo 3,3 milhões de prisioneiros de guerra soviéticos[52].

Uma das provas inequívocas de monstruosidade atribuída à Asperger, foi revelada numa palestra ministrada pelo próprio neto, Herwig Czech, 30 anos depois da morte do referido médico. A solenidade ocorreu no salão da prefeitura de Viena.[53]

Czech revelou o conteúdo de uma carta enviada pelo seu avô Asperger e junto com outros documentos originais, começou a desenhar o verdadeiro retrato do até então herói da neurodiversidade:

> Havia, por exemplo, uma carta de 1941 que Czech encontrara no arquivo da Spiegelgrund — a instituição em que tantas crianças morreram de "pneumonia" depois de envenenadas com fenobarbital. Endereçada à administração da Spiegelgrund, a carta relatava a avaliação médica feita havia pouco tempo, no hospital da universidade, de uma menina chamada Herta Schreiber. A caligrafia era de Asperger. Herta tinha dois anos na época, a mais nova de dez filhos — dos quais cinco ainda moravam com os pais —, e passara toda a primavera doente, pois contraíra encefalite. Seu estado não parecia melhorar, e, em junho, a mãe a levou ao consultório de Asperger para que fosse examinada. A carta con-

---

[52] *Ibid*. p. 19-20.

[53] DONVAN, John; Zucker, Caren. **Outra sintonia: a história do autismo.** Tradução Luiz A. de Araújo. 1. ed. São Paulo: Companhia das Letras, 2017, p. 340.

tinha uma avaliação do estado de Herta. Era evidente que ela havia sofrido uma espécie de trauma grave no cérebro: seu desenvolvimento mental cessara, seu comportamento se desintegrava e ela estava tendo convulsões. Asperger se mostrou inseguro quanto ao diagnóstico. Apontou várias possibilidades: grave transtorno de personalidade, distúrbio convulsivo, idiotia. A seguir, em prosa simples, deu uma opinião decididamente não médica: "Em casa, essa criança deve ser um fardo insuportável para a mãe, que tem cinco filhos sadios para cuidar". Tendo exprimido empatia pela mãe de Herta, apresentou sua recomendação: "Parece absolutamente necessária a internação permanente na Spiegelgrund". A carta estava assinada "Hans Asperger". Todos na plateia entenderam o significado daquela carta. Era uma sentença de morte. Efetivamente, Czech confirmou que Herta foi internada na Spiegelgrund em 1º de julho de 1941 e lá assassinada em 2 de setembro de 1941, um dia depois de seu terceiro aniversário. O prontuário registra que ela morreu de pneumonia.[54]

Em tempo, vale dizer que depois desse evento no ano de 2010, Czech descobriu outras fontes que corroboram com a participação cruel do seu avô Asperger nas políticas de eutanásia infantil em massa:

Ele encontrou cartas com a caligrafia do médico austríaco, que usava "Heil Hitler" como saudação final. Isso não era obrigatório. Também descobriu uma solicitação de emprego preenchida com a letra de Asperger, em que ele se apresentava como candidato à Associação de Médicos Nazistas, um grupo que funcionava como o braço da política médica do partido e auxiliou no fechamento de consultórios de médicos judeus. Czech constatou ainda que Asperger havia se candidatado a consultor médico da divisão vienense da Juventude Hitlerista, embora não haja registro de que tenha sido aceito. Enfim, na opinião de Czech, Asperger teve o cuidado, durante a guerra, de salvaguardar sua carreira e polir "sua credibilidade nazista". Pelo visto, fez o que era necessário.[55]

Na comunidade autista atual percebemos que, por conta de todo o exposto, há uma repulsa ao termo Síndrome de Asperger, que não faz mais sentido o uso desde a sua retirada pelo DSM-5. Portanto, evita-se a lembrança e menção desse nome macabro que está coberto de sangue de crianças atípicas inocentes.

---

[54] *Ibid*, p. 344.

[55] *Ibid*, p. 346.

2.4 MANUAIS NOSOGRÁFICOS E O AUTISMO

Ao longo dos anos foram documentados os critérios que serviram de norte para o diagnóstico do autismo nos manuais de classificação nosológica. Vale lembrar, que os mencionados critérios sofreram várias alterações no decurso do tempo.

O Manual Diagnóstico e Estatístico de Transtornos Mentais (DSM) e a Classificação Internacional de Doenças e Problemas Relacionados à Saúde (CID) são os mais recorridos, especialmente a partir da década de 1980. Muito embora esses manuais apresentem diferenças em termos de terminologia, características e códigos usados para fins de diagnóstico, eles compartilham os conceitos fundamentais que esculpiram a classificação nosológica e dominaram o campo durante o período em que foram publicados.[56]

Durante as décadas passadas, foram lançadas sete edições do DSM: DSM-I, DSM-II, DSM-III, DSM-III-R, DSM-IV, DSM-IV-TR e DSM-V.

> A Associação Americana de Psiquiatria publicou, em 1952, a primeira edição do Manual Diagnóstico e Estatístico de Doenças Mentais (DSM-I). Referência mundial para pesquisadores e clínicos do segmento, este manual fornecia as nomenclaturas e os critérios-padrão para o diagnóstico dos transtornos mentais estabelecidos. Nesta primeira edição, os diversos sintomas de autismo eram classificados como um subgrupo da esquizofrenia infantil, não sendo entendidos como características de uma condição específica e separada (AMERICAN PSYCHIATRIC ASSOCIATION, 1952). A primeira edição do DSM, manual da Associação Americana de Psiquiatria (APA), foi desenvolvida a partir dos sistemas de coleta de recenseamento e estatísticas de hospitais psiquiátricos e do manual do Exército dos Estados Unidos, utilizado para seleção e acompanhamento de recrutas. Também sofreu influência do sistema diagnóstico de Adolf Meyer, com enfoque na oposição entre neurose e psicose, sendo o autismo classificado como sintoma da Reação Esquizofrênica tipo Infantil. [57]

---

[56] DUNKER, C. I. L. **Questões entre a psicanálise e o DSM. In: Jornal de psicanálise**, v.47, n.87, p. 79-107, 2014, *apud* LAWALL, Alice Toledo Santos; RIBEIRO, Anna Costa Pinto. **Do Sintoma ao Diagnóstico: Evolução das Caracterizações Nosográficas do Autismo do Século XX ao XXI**. Cadernos de Psicologia, Juiz de Fora, v. 4, n. 7, p. 260-282, jan./jun. 2022.

[57] ALARCON, R.D.G.; FREEMAN, A.M. **Rutas ontológicas de la nosología psiquiátrica: ¿Cómo se llegó al DSM-5?** Revista de Neuropsiquiatria, Lima, v.78, n.1, p.35-45, 2015. *apud* Alice Toledo Santos; RIBEIRO, Anna Costa Pinto. **Do Sintoma ao Diagnóstico: Evolução das Caracterizações Nosográficas do Autismo do Século XX ao XXI**. Cadernos de Psicologia, Juiz de Fora, v. 4, n. 7, p. 260-282, jan./jun. 2022.

Já em 1968, na segunda edição do Manual Diagnóstico e Estatístico de Transtornos Mentais (DSM-II), o autismo foi categorizado sob a esquizofrenia infantil, mas sem apresentar mudanças substanciais em relação à edição anterior. A partir da década de 1980, o autismo foi retirado da classificação de psicose e, no DSM-III, passou a ser referido como transtorno invasivo do desenvolvimento (TID):

> O termo TID foi escolhido para refletir o fato de que múltiplas áreas de funcionamento são afetadas no autismo e nas condições a ele relacionadas. Na época do DSM-III-R, o termo TID ganhou raízes, levando à sua adoção também na décima revisão da Classificação Estatística Internacional de Doenças e Problemas Relacionados à Saúde (CID-10). [58]

O DSM-III, publicado em 1980, e sua revisão subsequente, o DSM-III-R, de 1987, se destacaram por apresentar uma perspectiva inovadora em relação ao Transtorno do Espectro Autista (TEA), afastando-o de ser erroneamente associado à esquizofrenia.

> O DSM-III rompe com o modelo de psicopatologia estrutural – das neuroses, psicoses e perversões – , ao mesmo tempo que adota o modelo recém surgido na época, da medicina baseada em evidências (Dunker, 2014), ou seja, como dizem as autoras Fernanda Martinhago e Sandra Caponi, no artigo Patologias Mentais: uma breve história das classificações psiquiátricas (2019), O DSM-III é o marco da mudança de paradigma no âmbito da psiquiatria, que até este momento eram regidas com fundamentação principalmente na psicanálise. As patologias psiquiátricas passam a ser definidas por agrupamentos de sintomas, o que ocasionou a supressão das histórias de vida, das narrativas dos pacientes, das causas psicológicas e sociais que possivelmente causaram algum sofrimento psíquico e/ou sua manifestação em determinado comportamento. Esta transformação ocorre em função de um grupo de psiquiatras americanos, que se denominaram como neokraepelinianos, fundamentados nos novos avanços científicos, que apresentavam estudos populacionais, bancos de dados quantitativos, descobertas da neurologia, anatomopatologia cerebral e da genética, para elaborar o DSM III e as sucessivas edições do Manual.[59]

---

[58] AMERICAN PSYCHIATRIC ASSOCIATION. **Diagnostic and Statistical Manual: Mental Disorders DSM-II**. Washington, DC: APA, 1968.

[59] MARTINHAGO, F.; Caponi. S. (2019). **Breve história das classificações em psiquiatria**. R. Inter. Interdisc. INTERthesis, 16(1),74-91, *apud* BIANCHI, Vilma Aparecida; ABRÃO, Jorge Luís Ferreira. A construção histórica do Autismo. Brazilian Journal of Health Review, Curitiba, v. 6, n. 2, p. 5260-5277, mar./abr. 2023, p. 5272- 5273.

Em 1994, com a publicação do DSM-IV, ocorreu uma mudança na terminologia do transtorno em comento, resultando na designação do autismo como "Transtorno Autista". Nessa época, o DSM-IV e a CID-10 harmonizaram seus termos, embora a última utilizasse a denominação "Transtorno Global do Desenvolvimento" com o intuito de facilitar a produtividade e ocorrência das pesquisas. Importante lembrar que a Síndrome de Asperger foi introduzida no DSM nesse contexto, ampliando a compreensão do transtorno e abrangendo casos em que os indivíduos são considerados mais funcionais: com a função cognitiva mais preservada e comunicação verbal mais satisfatória.[60]

O DSM-IV seguiu a mesma estrutura do DSM-III e do DSM-III R, mas introduziu algumas modificações marcantes. Dentre essas mudanças, destacam-se a inclusão de informações sobre características e transtornos associados, considerações específicas em relação à cultura, idade e gênero, dados sobre prevalência, informações sobre padrão familiar e diretrizes para diagnóstico diferencial. Com a revisão ocorrida em 2000, o DSM-IV ficou conhecido como DSM-IV-TR, na qual foram acrescentados cinco tipos de transtornos de personalidade. Vale destacar, porém, que os diagnósticos específicos de transtornos se mantiveram inalterados em relação ao DSM-IV.

2.4.1 Conceito atual do Transtorno do Espectro Autista e o DSM-5

O Transtorno do Espectro Autista (TEA) é um distúrbio do neurodesenvolvimento que se caracteriza pela deficiência na interação social e comunicação, bem como pela presença de padrões de comportamento estereotipados e repetitivos. Geralmente, esse transtorno é acompanhado por um desenvolvimento intelectual variável, com casos de retardo mental. Os sintomas do TEA se manifestam precocemente na infância, e embora a causa em muitas crianças seja desconhecida, há evidências de uma influência genética. O diagnóstico é estabelecido com base na avaliação da história de desenvolvimento e na observação clínica. Além disso, o tratamento envolve estratégias de manejo comportamental e, em alguns casos, a administração de medicamentos.[61]

---

[60] FARAH, Fabiana. **Autismo: os direitos – a realidade**. Rio de Janeiro: Lumen Juris, 2021, p.16.

[61] SULKES, Stephen Brian. **Transtornos do Espectro Autista. MSD Manual Profissional**. Disponível em: https://www.msdmanuals.com/pt/profissional/pediatria/dist%C3%BArbios-de-aprendizagem-e-desenvolvimento/transtornos-do-espectro-autista. Acesso em 14 de outubro de 2023.

É importante salientar que não existe um remédio específico para o autismo. A administração medicamentosa no autista serve para controlar as eventuais comorbidades associadas e reduzir os níveis de irritabilidade combinada com agressividade.

Em relação ao conceito atual de autismo, ele foi elaborado com a publicação do DSM-5:

> Diferentes grupos de trabalho contribuíram para o desenvolvimento da quinta edição do DSM. Ocorreram, na primeira década do século XXI, diversas conferências para levantamento da literatura de transtornos mentais produzida até então (AMERICAN PSYCHIATRIC ASSOCIATION, 2014). Em 2013, foi publicado o DSM V, que situou o autismo na categoria de Transtornos do Neurodesenvolvimento e o assumiu como espectro, substituindo, assim, as subcategorias dos Transtornos Invasivos do Desenvolvimento. Desde então, as manifestações do autismo passaram a ser abordadas por um único termo abrangente: Transtornos do Espectro do Autismo, nos quais foram assinalados especificadores para identificar suas variações, como a presença ou ausência de comprometimento intelectual, comprometimento estrutural da linguagem, condições médicas ou perda de habilidades anteriormente adquiridas (REGIER et al., 2013). Logo, o Transtorno do Espectro Autista (TEA) absorveu, em um único diagnóstico, os outros transtornos especificados nos Transtornos Invasivos de Desenvolvimento (TID), fazendo apenas distinção quanto ao nível de gravidade em relação à interação e à comunicação. O diagnóstico é clínico, feito por indicadores, por meio de observações comportamentais e relatos quanto ao histórico do desenvolvimento, sendo guiado por critérios universais e descritivos, com base em teorias do desenvolvimento e das neurociências[62]

Assim, no lugar dos Transtornos geralmente diagnosticados pela primeira vez na infância ou na Adolescência da edição anterior, surgem os Transtornos do Neurodesenvolvimento, resumidos como:

> Os transtornos do neurodesenvolvimento são um grupo de condições com início no período do desenvolvimento. Os transtornos tipicamente se manifestam cedo no desenvolvimento, em geral antes de a criança ingressar na escola, sendo

---

[62] LAWALL, Alice Toledo Santos; RIBEIRO, Anna Costa Pinto. **Do Sintoma ao Diagnóstico: Evolução das Caracterizações Nosográficas do Autismo do Século XX ao XXI**. Cadernos de Psicologia, Juiz de Fora, v. 4, n. 7, p. 260-282, jan./jun. 2022.

caracterizados por déficits no desenvolvimento que acarretam prejuízos no funcionamento pessoal, social, acadêmico ou profissional. Os déficits de desenvolvimento variam desde limitações muito específicas na aprendizagem ou no controle de funções executivas até prejuízos globais em habilidades sociais ou inteligência.[63]

Nota-se que, mesmo com a implementação de um novo sistema de classificação, os desafios associados à avaliação e ao diagnóstico do TEA continuam a ser um problema presente:

Apesar do incentivo ao diagnóstico precoce, em crianças muito pequenas com alterações de linguagem, pode ser difícil estabelecimento do diagnóstico. Por outro lado, indivíduos adultos com TEA com capacidade intelectual preservada aprendem estratégias de sociabilidade e a suprimir padrões repetitivos de comportamento em público, de modo a mascarar os sintomas, o que ocorre especialmente entre mulheres. Isso constitui um alerta para os profissionais para a identificação dos critérios diagnósticos, que devem ter sido presentes na infância, mesmo se os sintomas não são presentes na vida adulta[64].

Sobre as mudanças nas categorizações dentro do autismo, a ativista Temple Grandin nos aponta:

Para muitas pessoas essas mudanças farão uma enorme diferença. Uma pesquisa de 2012 com 657 pessoas clinicamente diagnosticadas com qualquer um dos três transtornos do espectro do autismo do DSM-IV descobriu que 60% continuariam a ter diagnóstico de TEA segundo os critérios do DSM-5, mas 40%, não. Ao separar estes números em subgrupos de diagnósticos, os pesquisadores descobriram que 75% dos indivíduos que haviam tido o diagnóstico específico de autismo segundo os critérios do DSM-IV também cumpriam os critérios do DSM5 para TEA, mas só 28% daqueles diagnosticados com síndrome de Asperger os cumpriam, e só 25% daqueles diagnosticados com TGD-SOE os cumpriram.[65]

Grandin destaca, em alguns momentos da sua obra, a importância da forma de como é realizado o diagnóstico dessa condição:

---

[63] ASSOCIAÇÃO BRASILEIRA DE PSIQUIATRIA (ABP). **Manual Diagnóstico e Estatístico de Transtornos Mentais (DSM-5)**. 5ª edição. Porto Alegre: Artmed, 2014, p. 31.

[64] **Progene - Instituto de Biociências - USP**. Disponível em: https://progene.ib.usp.br/?p=193. Acesso em: 14 de outubro de 2023.

[65] GRANDIN, Temple. **O cérebro autista**. 10. ed. Rio de Janeiro: Record, 2019, p.122.

> Fico contente em ver que alguns pesquisadores começam a reconhecer as limitações dos rótulos. Eles estão começando a reconhecer a necessidade de definir mais estreitamente os objetivos. Um artigo de 2010, "Neuroimaging of Autism" [Neuroimagens do autismo], concluiu: "No autismo, é cada vez mais claro que a possibilidade de identificar um só marcador pode ser muito pequena devido à grande variabilidade que vemos [neste] espectro. Em vista disso, a definição de subgrupos menores de autismo com características muito específicas pode ser a chave para elucidar melhor esta doença complexa" (grifos nossos)[66]

O diagnóstico precoce, sem dúvidas, é fundamental para o indivíduo com esse tipo de transtorno do neurodesenvolvimento. O tratamento logo nos primeiros anos de vida pode ser o diferencial para que aquela criança neuroatípica consiga viver todas as suas demandas de acordo com suas habilidades evitando, assim, o aparecimento de certas comorbidades associadas ao autista adolescente e adulto que não tiveram nenhum tipo de direcionamento e estimulação em tenra idade.

Em março de 2022, foi apresentada uma nova edição do Manual Diagnóstico e Estatístico de Transtornos Mentais, o DSM-V-TR, que foi publicado pela Associação Americana de Psiquiatria.

Sobre essa nova edição do Manual, assinala Assumpção Jr.:

> Em realidade, podemos dizer que se criou um novo nome para a categoria – transtorno do espectro autista (TEA) –, que inclui transtorno autístico (autismo), transtorno de Asperger, transtorno desintegrativo da infância e transtorno global ou invasivo do desenvolvimento sem outra especificação. Retirou-se do grupo o diagnóstico de síndrome de Rett em razão do esclarecimento de sua etiologia, ligada ao gene MECP2, localizado no cromossomo X. Desconsidera-se, entretanto, que a sintomatologia clinica dessa síndrome continua sendo similar a. dos quadros autísticos, permanecendo, portanto, como um importante diagnóstico diferencial. Sugere-se que a diferenciação entre TEA, desenvolvimento típico/normal e outros transtornos "fora do espectro" seja feita com maior segurança e validade, porém as distinções entre os transtornos têm se mostrado inconsistentes com o passar do tempo. Variáveis dependentes do ambiente e frequentemente associadas a gravidade, nível de linguagem ou inteligência parecem contribuir mais do que as características do transtorno. Dessa forma, os três domínios anteriores se tornaram dois: Deficiências sociais e de

---

[66] *Ibid*, p.125.

comunicação; de Interesses restritos, fixos e intensos e comportamentos repetitivos. Isso ocorreu porque os déficits na comunicação e nos comportamentos sociais são inseparáveis, tendo que ser avaliados mais acuradamente quando observados com um único conjunto de sintomas, com especificidades contextuais e ambientais. Os atrasos de linguagem não são características exclusivas do TEA e nem são universais dentro do espectro, mas influenciando nos sintomas clínicos do TEA do que se constituindo, de fato, em verdadeiros critérios diagnósticos. O DSM-5-TR sugere ainda que se forneçam exemplos a ser incluídos em subdomínios para uma série de idades cronológicas e níveis de linguagem, aumentando, assim, a sensibilidade ao longo dos níveis de gravidade, do leve ao mais grave, ao mesmo tempo em que mantém a especificidade de quando usamos apenas dais domínios. Issa proporciona os diferentes níveis de gravidade que aparecem na nova classificação, a qual frisa que, mesmo nos graus mais leves, são necessários sistemas de suporte para que se diminuam os prejuízos.[67]

Os critérios diagnósticos, segundo o DSM-5, são parâmetros essenciais utilizados por profissionais de saúde mental para identificar e classificar transtornos mentais. Esta ferramenta oferece diretrizes claras e detalhadas para compreender e diagnosticar condições psicológicas, garantindo uma abordagem uniforme e precisa na avaliação clínica. Os critérios estabelecidos no Manual Diagnóstico e Estatístico de Transtornos Mentais, quinta edição (DSM-5), refletem anos de pesquisa, evolução e compreensão aprofundada das nuances dos distúrbios psiquiátricos, permitindo uma análise minuciosa dos sintomas e comportamentos apresentados pelos indivíduos. Nesse sentido, os Critérios Diagnósticos do Transtorno do Espectro Autista segundo o DSM-5 são:

a. Déficits persistentes na comunicação social e na interação social em múltiplos contextos, manifestados da seguinte forma:

1. Dificuldades na reciprocidade socioemocional abrangem desde comportamento social atípico até problemas na comunicação, como a dificuldade em compartilhar interesses e emoções, além de desafios na iniciativa ou resposta a interações sociais.

2. Déficits nos comportamentos não verbais para interação social envolvem desde problemas na comunicação integrada até a ausência completa de expressões faciais, comunicação não verbal e anormalidades no contato visual.

---

[67] DEL PORTO, J. A.; ASSUMPÇÃO JR., F. B. (org.). **Autismo no adulto**. [São Paulo]: Editora dos Editores; Porto Alegre: Artmed, 2023, p.21.

3. Dificuldades em relacionamentos vão desde ajustar o comportamento em diferentes contextos sociais até a falta de interesse em compartilhar brincadeiras, fazer amigos e interagir com pares.

b. Padrões restritos e repetitivos de comportamento, interesses ou atividades, abrangendo pelo menos dois:

1. movimentos motores, uso de objetos ou fala estereotipados.

2. Inflexibilidade a mudanças, insistência em rotinas e comportamentos ritualizados.

3. Interesses fixos e intensos em temas específicos, fora do padrão usual.

4. Reações intensificadas ou reduzidas a estímulos sensoriais, bem como um interesse peculiar em aspectos sensoriais do ambiente.

c. Os sintomas do transtorno do espectro autista geralmente se manifestam precocemente no desenvolvimento, embora possam não ser totalmente evidentes até que as demandas sociais excedam as capacidades limitadas da pessoa ou sejam mascarados por estratégias aprendidas mais tarde na vida.[68]

Quadro 3 – Níveis de Suporte no TEA

Nível de gravidade	Comunicação social	Comportamentos restritos e repetitivos
Nível 3 "Exigindo apoio muito substancial"	Déficits graves nas habilidades de comunicação social verbal e não verbal causam prejuízos graves de funcionamento, grande limitação em dar início a interações sociais e resposta mínima a aberturas sociais que partem de outros. Por exemplo, uma pessoa com fala inteligível de poucas palavras que raramente inicia as interações e, quando o faz, tem abordagens incomuns apenas para satisfazer a necessidades e reage somente a abordagens sociais muito diretas.	Inflexibilidade de comportamento, extrema dificuldade em lidar com a mudança ou outros comportamentos restritos/repetitivos interferem acentuadamente no funcionamento em todas as esferas. Grande sofrimento/dificuldade para mudar o foco ou as ações.

---

[68] ASSOCIAÇÃO BRASILEIRA DE PSIQUIATRIA (ABP). **Manual Diagnóstico e Estatístico de Transtornos Mentais (DSM-5)**. 5ª edição. Porto Alegre: Artmed, 2014, p. 50.

Nível de gravidade	Comunicação social	Comportamentos restritos e repetitivos
Nível 2 "Exigindo apoio substancial"	Déficits graves nas habilidades de comunicação social verbal e não verbal; prejuízos sociais aparentes mesmo na presença de apoio; limitação em dar início a interações sociais e resposta reduzida ou anormal a aberturas sociais que partem de outros. Por exemplo, uma pessoa que fala frases simples, cuja interação se limita a interesses especiais reduzidos e que apresenta comunicação não verbal acentuadamente estranha.	Inflexibilidade do comportamento, dificuldade de lidar com a mudança ou outros comportamentos restritos/repetitivos aparecem com frequência suficiente para serem óbvios ao observador casual e interferem no funcionamento em uma variedade de contextos. Sofrimento e/ou dificuldade de mudar o foco ou as ações.
Nível 1 "Exigindo apoio"	Na ausência de apoio, déficits na comunicação social causam prejuízos notáveis. Dificuldade para iniciar interações sociais e exemplos claros de respostas atípicas ou sem sucesso a aberturas sociais dos outros. Pode parecer apresentar interesse reduzido por interações sociais. Por exemplo, uma pessoa que consegue falar frases completas e envolver-se na comunicação, embora apresente falhas na conversação com os outros e cujas tentativas de fazer amizades são estranhas e comumente malsucedidas.	Inflexibilidade de comportamento causa interferência significativa no funcionamento em um ou mais contextos. Dificuldade em trocar de atividade. Problemas para organização e planejamento são obstáculos à independência

Fonte: ASSOCIAÇÃO BRASILEIRA DE PSIQUIATRIA (ABP). **Manual Diagnóstico e Estatístico de Transtornos Mentais (DSM-5)**. 5ª edição. Porto Alegre: Artmed, 2014

As classificações diagnósticas desempenham um papel importante, funcionando como ferramentas que possibilitam a organização da experiência clínica e dos dados de pesquisa. Elas também simplificam a comunicação entre profissionais de saúde e contribuem para o planejamento e organização dos serviços e tratamentos.

Vale lembrar que cada indivíduo autista é único, e não existem dois casos idênticos. Nesse sentido, não devemos entender o espectro autista como algo linear e dividido em graus. Não é correto, por exemplo, afirmar que o autismo de alguém é "leve" ou que determinada pessoa é "mais autista". Para ilustrar isso, veja a figura abaixo, que demonstra como algumas pessoas imaginam erroneamente o Transtorno do Espectro Autista:

Figura 1 – A Complexidade do Espectro Autista: Quebrando Mitos de Classificação Linear

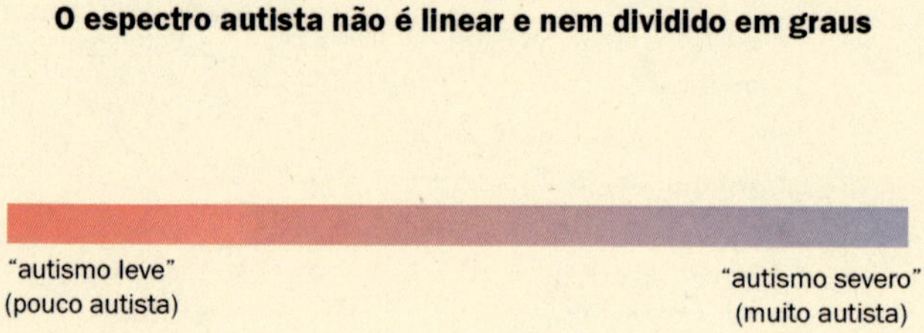

O espectro autista não é linear e nem dividido em graus

"autismo leve" (pouco autista)   "autismo severo" (muito autista)

Fonte: elaboração própria

Por outro lado, a imagem a seguir evidencia a complexidade do espectro autista, incluindo algumas das comorbidades que podem estar associadas:

Figura 2 – O verdadeiro Espectro Autista: Uma Visão Abrangente

O espectro autista se parece mais com essa imagem:

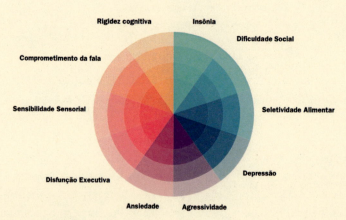

Fonte: elaboração própria

Dessa forma, não é possível separar todos os autistas numa caixa e colocar um rótulo específico - esperando que todos se enquadrem fielmente a um perfil descrito em alguma norma: "O autismo é considerado um transtorno multifacetado exatamente porque possui níveis de sequelas ou espectros variados, em que, dependendo do comprometimento, há indivíduos que conseguem manter, normalmente, relações interpessoais."[69]

Resumindo, é importante compreender que as pessoas do espectro autista possuem uma combinação única de habilidades, desafios e características comportamentais, ainda que compartilhem dificuldades e aspectos próprios do autismo. Assim:

Figura 3 – Variabilidade de Perfis no Espectro Autista: Exemplos de Diferenças Individuais

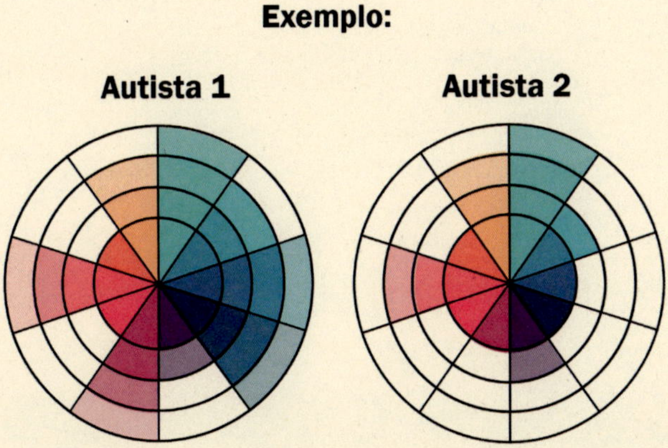

Fonte: elaboração própria

---

[69] *Ibid*, p.17.

3

PROTEÇÃO JURÍDICA À PESSOA COM DEFICIÊNCIA

3.1 PRINCÍPIOS

Um princípio é o elemento central que fundamenta um sistema, constituindo o verdadeiro alicerce, uma disposição essencial que se estende a diversas normas, dando forma ao seu espírito e servindo como critério para a compreensão exata e inteligência delas. Agir de maneira contrária a um princípio é consideravelmente mais sério do que violar uma norma específica. A negligência em relação ao princípio não apenas transgride um mandamento obrigatório particular, mas afeta todo o sistema de comandos. Isso representa uma forma significativa de ilegalidade ou inconstitucionalidade, dependendo da importância do princípio violado, pois implica uma insurgência contra o sistema como um todo, uma subversão de seus valores fundamentais, uma afronta irreparável à sua estrutura lógica e uma corrosão de sua fundação mestra.[70]

À Constituição Federal de 1988 foi atribuída a responsabilidade de se comprometer com a construção de um ambiente fundamentado nos princípios da igualdade de direitos e da dignidade humana. Em busca desses objetivos, justifica-se a extensa lista de direitos e garantias expressos ao longo do texto constitucional.

Os princípios da igualdade e da dignidade da pessoa humana constituem, dessa forma, a fundação das garantias legais e constitucionais asseguradas à pessoa com deficiência, sendo imprescindível abordá-los ao tratar desse tema.

---

[70] MELLO, Celso Antônio Bandeira de. **Curso de Direito Administrativo**. 30ª edição, revista e atualizada até a Emenda Constitucional 71, de 29.11.2012. São Paulo: Malheiros Editores, p. 54.

3.2.1 Princípio da Dignidade da Pessoa Humana

A Constituição da República Federativa do Brasil de 1988 consagra o princípio da dignidade da pessoa humana como um dos fundamentos do Estado Democrático de Direito, sublinhando a relevância desse princípio em nosso sistema jurídico vigente, conforme evidenciado no inciso III, art.1º.[71]

Podemos afirmar que todo ser humano possui dignidade. Esse é um atributo intrínseco a todos os seres humanos, resultante da própria condição humana, segundo Sarlet:

> [...]a qualidade intrínseca e distintiva de cada ser humano que o faz merecedor do mesmo respeito e consideração por parte do Estado e da comunidade, implicando, neste sentido, um complexo de direitos e deveres fundamentais que assegurem a pessoa tanto contra todo e qualquer ato de cunho degradante e desumano, como venham a lhe garantir as condições existenciais mínimas para uma vida saudável, além de propiciar e promover sua participação ativa e co-responsável nos destinos da própria existência e da vida em comunhão com os demais seres humanos.[72]

Peces-Barba, sobre o princípio da dignidade, nos ensina que:

> En su origen, dignidad humana no es un concepto jurídico como puede serlo el derecho subjetivo, el deber jurídico o el delito, ni tampoco político como Democracia o Parlamento, sino más bien una construcción de la Filosofia para expresar el valor intrínseco de la persona derivado de una serie de rasgos de identificación que la hacen única e irrepetible, que es el centro del mundo y que está centrada en el mundo. La persona es un fin que ella misma decide sometiéndose a la regla, que no tiene precio y que no puede ser utilizada como medio, por todas las posibilidades que encierra su condición, que suponen esa idea de dignidad humana en el punto de partida. Estamos ante un deber ser fundante que explica los

---

[71] Art. 1º A República Federativa do Brasil, formada pela união indissolúvel dos Estados e Municípios e do Distrito Federal, constitui-se em Estado Democrático de Direito e tem como fundamentos:

I - a soberania;

II - a cidadania;

III - a dignidade da pessoa humana;

IV - os valores sociais do trabalho e da livre iniciativa;

V - o pluralismo político.

[72] SARLET, Ingo Wolfgang. **Dignidade da Pessoa Humana e Direitos Fundamentais na Constituição Federal de 1988**. 2001, p.60.

> fines de la ética pública política y jurídica, al servicio de ese deber ser. Por eso, la dignidad no es um rasgo o una cualidad de la persona que genera principios y derechos, sino un proyecto que debe realizarse y conquistarse.[73]

A concepção da dignidade humana como uma característica inerente a todos os seres humanos, centrada no "valor absoluto" de cada indivíduo do gênero humano, é uma construção social e histórica que emergiu durante a transição para a modernidade. Essa noção se distingue de maneira radical do significado atribuído à dignidade nas sociedades antigas e medievais, estando inicialmente ligada ao âmbito da filosofia moral e, posteriormente, adentrando o campo da filosofia jurídica.[74]

Nesta toada, a Declaração Universal dos Direitos Humanos estabelece logo em sua introdução e, em seguida, em seu artigo 1º:

> Considerando que os povos das Nações Unidas reafirmaram, na Carta, sua fé nos direitos humanos fundamentais, na dignidade e no valor da pessoa humana e na igualdade de direitos do homem e da mulher, e que decidiram promover o progresso social e melhores condições de vida em uma liberdade mais ampla.
> (...)
> Todas as pessoas nascem livres e iguais em dignidade e direitos. São dotadas de razão e consciência e devem agir em relação umas às outras com espírito de fraternidade.

A Declaração Universal de 1948 tem como objetivo estabelecer uma ordem global baseada no respeito à dignidade humana, consagrando valores universais fundamentais. Desde seu preâmbulo, destaca-se a dignidade inerente a todo ser humano, conferindo-lhe direitos iguais e inalienáveis. Para a Declaração Universal, a condição de pessoa é o único requisito para a posse de direitos. A universalidade dos direitos humanos representa uma clara ruptura com a ideologia nazista, que restringia os direitos pertencentes a uma raça específica (a raça ariana pura). A concepção da dignidade como base dos direitos humanos e um valor intrínseco à condição humana foi

---

[73] PECES-, Gregorio Barba Martínez. **Reflexiones sobre la evolución histórica y el concepto de dignidad humana**. In: ALMOGUERA CARRERES, Joaquín; et al. (org.). **Desafíos actuales a los derechos humanos: la violencia de género, la inmigración y los medios de comunicación**. Madrid: Universidad Carlos III de Madrid/Editorial Dykinson, 2005, p. 27

[74] VECCHI, Ipojucan Demétrius; GARCIA, Marcos Leite; SOBRINHO, Liton Lanes Pilau. **O Princípio da Dignidade Humana e suas Projeções no Âmbito Laboral: possibilidades e limites**. Sequência (Florianópolis), n. 85, p. 256, agosto de 2020.

posteriormente incorporada por todos os tratados e declarações de direitos humanos, integrando assim o que é conhecido como Direito Internacional dos Direitos Humanos.[75]

A batalha por direitos que visam garantir a dignidade das pessoas com deficiência teve início nas décadas de 70 e 80, marcada pelos primeiros movimentos. Nesse cenário, destaca-se declaração dos direitos das pessoas deficientes, proclamada pela Assembleia Geral da ONU em 9 de dezembro de 1975, que assegurava o seguinte:

> As pessoas deficientes têm o direito inerente de respeito por sua dignidade humana. Independentemente da origem, natureza e gravidade de suas deficiências, elas têm os mesmos direitos fundamentais de seus concidadãos da mesma idade, o que implica, antes de tudo, o direito de desfrutar de uma vida decente, tão normal e plena quanto possível[76]

Daniel Sarmento também enfatiza a dimensão de igualdade presente no contexto da dignidade da pessoa humana, destacando que:

> Não se admitem restrições relativas a fatores de gênero, idade, cor, orientação sexual, nacionalidade, deficiência, capacidade intelectual ou qualquer outro. E ninguém se despe de dignidade humana, ainda que cometa crimes gravíssimos, que pratique os atos mais abomináveis. O homicida e o torturador têm o mesmo valor intrínseco que o herói e que o santo. A dignidade humana, que não é concedida por ninguém, não pode ser retirada pelo Estado ou pela sociedade, em nenhuma situação. Ela é inerente à personalidade humana e, portanto, embora possa ser violada e ofendida pela ação do Estado ou de particulares, jamais será perdida pelo seu titular.[77]

É incontestável o valor do princípio da dignidade da pessoa humana, uma norma de proteção dos direitos humanos que se aplica a todos, independentemente de ter ou não alguma deficiência. O sistema jurídico é concebido em prol das pessoas, dessa forma, é justo que elas sejam os principais destinatários dos direitos e vivam plenamente de acordo com o princípio da dignidade da pessoa humana.

---

[75] PIOVESAN, Flávia. **Direitos Humanos e o Direito Constitucional Internacional**. 9.ed. São Paulo: Saraiva, 2008, p. 137

[76] ORGANIZAÇÃO DAS NAÇÕES UNIDAS (ONU). **Declaração dos direitos das pessoas deficientes. Adotada pela Assembleia Geral da ONU em 9 de dezembro de 1975.** Disponível em http://portal.mec.gov.br/seesp/arquivos/pdf/dec_def.pdf. Acesso em 8 de outubro de 2023.

[77] SARMENTO, Daniel. **Dignidade da pessoa humana: conteúdo, trajetórias e metodologia**. Belo Horizonte: Fórum, 2016, p.104.

3.3.2 Princípio da Igualdade

Quando analisamos o princípio da igualdade, percebemos que o direito à igualdade é mencionado em vários momentos, não apenas no artigo 5º, caput, que garante tratamento isonômico a todos os indivíduos, mas também no artigo 150, inciso III, que trata da igualdade tributária; no artigo 5º, inciso VIII, que aborda a igualdade jurisdicional; no artigo 7º, inciso XXXI, que proíbe qualquer forma de discriminação em relação a salários e à contratação de trabalhadores com deficiência; e ainda no artigo 14, que disciplina a igualdade política.[78]

Conforme enfatizado por Canotilho e Moreira, o "princípio da igualdade é um dos princípios estruturantes do sistema constitucional global, conjugando dialeticamente as dimensões liberais, democráticas e sociais inerentes ao conceito de Estado de direito democrático e social".[79]

Ao observar o Princípio da Igualdade, é importante considerá-lo em dois aspectos distintos: a igualdade formal e a igualdade material. A igualdade formal tem como objetivo proporcionar tratamento equitativo a todas as pessoas, garantindo que a lei seja aplicada de maneira igualitária a todos. Por outro lado, a igualdade material é o meio pelo qual se busca concretizar a igualdade formal, introduzindo certas diferenciações a grupos específicos para assegurar que desfrutem plenamente da igualdade formal.[80]

Konrad Hesse, ao discorrer sobre a igualdade material, explana que "a igualdade jurídica material não consiste em um tratamento igual sem distinção de todos em todas as relações. Senão, só aquilo que é igual deve ser tratado igualmente. O princípio da igualdade proíbe uma relação desigual de todos iguais; casos iguais devem encontrar regra igual."[81]

No trecho anteriormente destacado, Hesse, expressa a ideia de que os indivíduos iguais devem ser tratados de maneira igual, enquanto os desiguais precisam ser tratados de forma diferenciada, buscando assim alcançar a igualdade para todos.

---

[78] COSTA, Marli Marlene Moraes da; FERNANDES, Paulo Vanessa. **Autismo, cidadania e políticas públicas: as contradições entre a igualdade formal e a igualdade material.** Revista do Direito Público, Londrina, v. 13, n. 2, p. 195-199, ago. 2018.

[79] CANOTILHO, J. J. Gomes; MOREIRA, Vital. **Constituição da República Portuguesa anotada.** 4. ed. Coimbra: Coimbra Editora, 2007. v. I, p. 336-337.

[80] OPUSZKA, Paulo Ricardo; HARTMANN, Manuela Godoi de Lima. **A inclusão da pessoa com deficiência no mercado de trabalho à luz dos princípios da igualdade e da dignidade da pessoa humana.** JURIS, Rio Grande, 2013, p 14.

[81] HESSE, Konrad. **Elementos de Direito Constitucional da República Federativa da Alemanha.** Tradução de Luiz Afonso. Porto Alegre, Sergio Antônio Editor, 1998, p. 330

Costa e Fernandes, sobre o tema, asseveram:

> Dessa forma, alcançar de fato todas as garantias que circundam o direito à igualdade corresponde a uma obrigação jurídica do Estado em formular políticas públicas que não se limitem em meramente assegurar a sobrevivência física ao indivíduo, mas sim em promover condições materiais que garantam uma vida digna. Isso significa que a proteção do mínimo existencial se coaduna no Estado Democrático com a implementação de políticas públicas que tornem viável a inclusão das pessoas com autismo no mercado de trabalho, permitindo o acesso à educação, a eliminação de barreiras arquitetônicas e sociais, o acesso à saúde pública e privada com a disponibilização de tratamento adequado e de medicamentos.[82]

Celso Antônio Bandeira de Mello, citado pelos autores Opuszka e Hartmann, expõe os parâmetros que devem ser considerados ao se analisar o Princípio da Igualdade, quais sejam:

> a) Que a desequiparação não atinja de modo atual e absoluto, um só individuo; b) Que as situações ou pessoas desequiparadas pela regra de direito sejam efetivamente distintas entre si, vale dizer, possuam características, traços, diferenciados; c) Que exista, em abstrato, uma correlação lógica entre os fatores diferenciais existentes e a distinção de regime jurídico em função deles, estabelecido pela norma jurídica; d) Que, in concreto, o vínculo de correlação supra-referido seja pertinente em função dos interesses constitucionalmente protegidos, isto é, resulte em diferenciação de tratamento jurídico fundada em razão valiosa – ao lume do texto constitucional – para o bem público.[83]

Nesse contexto, duas diretrizes se destacam de maneira clara. Em primeiro lugar, a implementação de ações afirmativas visando à promoção da igualdade de oportunidades entre pessoas com deficiência e aquelas sem, sob a perspectiva da chamada discriminação positiva. Em segundo lugar, a proibição explícita da discriminação negativa, que consiste no tratamento arbitrário direcionado a indivíduos com deficiência, resultando em sua exclusão social ou restrição de direitos.[84]

---

[82] COSTA, Marli Marlene Moraes da; FERNANDES, Paulo Vanessa. **Autismo, cidadania e políticas públicas: as contradições entre a igualdade formal e a igualdade material**. Revista do Direito Público, Londrina, v. 13, n. 2, ago. 2018, p. 200.

[83] MELLO, Celso Antonio Bandeira de. op cit. p. 41. *apud* OPUSZKA, Paulo Ricardo; HARTMANN, Manuela Godoi de Lima. **A inclusão da pessoa com deficiência no mercado de trabalho à luz dos princípios da igualdade e da dignidade da pessoa humana**. JURIS, Rio Grande, 2013.

[84] LEITE, Glauber Salomão; FERRAZ, Carolina Valença. **A Pessoa com Deficiência entre a Igualdade Formal e a Igualdade Material**. Revista Paradigma, Ribeirão Preto-SP, v. 28, n. 2, p. 56-57, mai./ago. 2019.

Logo, nem toda forma de discriminação é automaticamente proIbida. A norma proíbe exclusivamente a discriminação negativa, isto é, aquela em que a limitação é aplicada de modo prejudicial à pessoa com deficiência.

Ressalta-se, por fim, que a efetivação do princípio da igualdade requer a atuação do Poder Público em duas frentes: a proibição da discriminação negativa, onde é vedado ao Estado discriminar, e ao mesmo tempo, ele é responsável pela repressão à discriminação no âmbito social; e a implementação de medidas concretas pelo Estado para combater as desigualdades, promovendo, assim, a inclusão social e o bem-estar de todos, assegurando a dignidade da pessoa humana[85].

3.2 PROTEÇÃO NO ÂMBITO INTERNACIONAL

É nítido que a questão da deficiência ganhou destaque na agenda política internacional com o respaldo de instituições multilaterais, incluindo a Organização das Nações Unidas (ONU) e a Organização Internacional do Trabalho (OIT), entre outras.

A ONU desempenhou um papel fundamental ao propor a Declaração dos Direitos das Pessoas com Deficiência, estabelecida na Resolução 30/84, aprovada em 9 de dezembro de 1975. Essa declaração pode ser considerada um marco no processo de oficialização da preocupação em garantir que as pessoas com deficiência tenham igualdade de oportunidades para participar na vida comunitária em condições iguais às de outros membros da sociedade.[86]

Vale citar, uma parte desse documento valioso:

> 1 - O termo "pessoas deficientes" refere-se a qualquer pessoa incapaz de assegurar por si mesma, total ou parcialmente, as necessidades de uma vida individual ou social normal, em decorrência de uma deficiência, congênita ou não, em suas capacidades físicas ou mentais. 2 - As pessoas deficientes gozarão de todos os diretos estabelecidos a seguir nesta Declaração. Estes direitos serão garantidos a todas as pessoas deficientes sem nenhuma exceção e sem qualquer

---

[85] MARTA, Taís Nader; PESSOA, Ana Carolina Peduti Abujamra. **Pessoa com Deficiência e o Direito ao Adequado Tratamento de Saúde.** Univ. JUS, Brasília, n. 21, p. 98, jul./dez. 2010.

[86] RIBEIRO, Marco Antônio; CARNEIRO, Ricardo. **A Inclusão Indesejada: as Empresas Brasileiras Face à Lei de Cotas para Pessoas com Deficiência no Mercado de Trabalho.** Salvador, v. 16, n. 50, p. 545-564, jul./set. 2009. Disponível em: https://www.scielo.br/j/osoc/a/wBLYwySGYjQyBTPPWhgwxrB/?format=pdf&lang=pt. Acesso em: Acesso em 9 de outubro de 2023.

> distinção ou discriminação com base em raça, cor, sexo, língua, religião, opiniões políticas ou outras, origem social ou nacional, estado de saúde, nascimento ou qualquer outra situação que diga respeito ao próprio deficiente ou a sua família. 3 - As pessoas deficientes têm o direito inerente de respeito por sua dignidade humana. As pessoas deficientes, qualquer que seja a origem, natureza e gravidade de suas deficiências, têm os mesmos direitos fundamentais que seus concidadãos da mesma idade, o que implica, antes de tudo, o direito de desfrutar de uma vida decente, tão normal e plena quanto possível.[87]

De acordo com Cromwell, Keluskar e Goorecki (2019), a Declaração dos Direitos das Pessoas com Deficiência, em 1978, teve um impacto indireto no trabalho do psiquiatra Rutter. Esse trabalho contribuiu para reclassificar o Transtorno do Espectro Autista como um distúrbio do neurodesenvolvimento cognitivo, rompendo com a concepção anterior que o associava a doenças mentais.[88]

Uma das primeiras iniciativas internacionais para incluir as pessoas com deficiência no mercado de trabalho veio da Organização Internacional do Trabalho (OIT), criada em 1919 pelo Tratado de Versalhes. A OIT estabelece normas internacionais de trabalho e estimula o desenvolvimento e a cooperação entre organizações de empregadores e de trabalhadores[89].

A inserção de pessoas com deficiência no mercado de trabalho, desde 1921, tem sido uma prioridade da OIT. Ressalta-se a importância da Recomendação nº 22, aprovada durante a Conferência Internacional do Trabalho de 1925. Essa recomendação encorajava os Estados membros a incorporar em suas legislações nacionais a obrigação de fornecer compensação por acidentes de trabalho que resultassem em incapacidade para a realização de atividades produtivas.[90]

---

[87] ORGANIZAÇÃO DAS NAÇÕES UNIDAS (ONU). **Declaração dos direitos das pessoas deficientes. Adotada pela Assembleia Geral da ONU em 9 de dezembro de 1975.** Disponível em http://portal.mec.gov.br/seesp/arquivos/pdf/dec_def.pdf. Acesso em 8 de outubro de 2023.

[88] CARVALHO, Ana Clara de; Carvalho, Francisco Antonio de. **O Direito ao Acesso ao Mercado de Trabalho por Pessoas Autistas no Brasil**, p.28.

[89] LEITE, Fernanda Menezes. **Inclusão da pessoa com deficiência no mercado de trabalho: desafios à efetivação do direito fundamental ao trabalho.** Dissertação de Mestrado - Universidade de São Paulo (USP), 2018. p. 52.

[90] LEAL, Carla Reita Faria. **Proteção Internacional do Direito ao Trabalho da Pessoa com Deficiência. Tese de Doutorado em Direito das Relações Sociais.** PONTIFÍCIA UNIVERSIDADE CATÓLICA DE SÃO PAULO - PUC/SP, São Paulo, 2008, p. 92.

COMO INCLUIR OS AUTISTAS NO MERCADO DE TRABALHO

Diante do exposto, é possível afirmar que a Recomendação nº 22 marcou o início da preocupação com a inclusão social, mesmo que de forma inicial, ao tratar do assunto da readaptação profissional.

Em 1944, a Conferência Internacional do Trabalho estabeleceu a Recomendação nº 71, chamada Recomendação sobre a Organização do Emprego, que, entre seus princípios gerais, determinou no item X que os trabalhadores inválidos deveriam ter acesso a amplas oportunidades de orientação profissional especializada, de capacitação e requalificação profissional, e de inserção em um trabalho produtivo.[91]

Outro documento internacional que merece destaque é a Convenção nº 111, adotada pela Organização Internacional do Trabalho (OIT) em 1959. Esta convenção trata especificamente da Discriminação em Matéria de Emprego e Profissão e foi ratificada pelo Brasil em 1965, incorporando, assim, o conceito de discriminação nas relações de trabalho ao direito internacional:

> Artigo 1 - 1. a) toda distinção, exclusão ou preferência fundada na raça, cor, sexo, religião, opinião política, ascendência nacional ou origem social que tenha por efeito destruir ou alterar a igualdade de oportunidades ou de tratamento em matéria de emprego ou profissão; b) qualquer outra distinção, exclusão ou preferência que tenha por efeito destruir ou alterar a igualdade de oportunidades ou tratamento em matéria de emprego ou profissão, que poderá ser especificada pelo Membro interessado depois de consultas as organizações representativas de empregadores e trabalhadores, quando estas existam e outros organismos adequados.[92]

É imperioso dizer que a Convenção nº 111 não apenas estabelece uma definição para a discriminação, mas também obriga os países signatários a estabelecer e aplicar políticas nacionais com o propósito de fomentar a igualdade de oportunidades e de tratamento no âmbito do emprego.[93]

Essa política de ação afirmativa emprega diversos mecanismos, incluindo a cooperação entre organizações de empregadores e trabalhadores, bem como outras entidades relevantes. Além disso, envolve a promulgação de leis, o estabelecimento de programas educacionais específicos e sua implementação nos serviços de orientação profissional, formação

---

[91] *Ibid.*

[92] ORGANIZAÇÃO INTERNACIONAL DO TRABALHO. **Convenção nº 111 sobre Discriminação (Emprego e Ocupação)**. Genebra, 1958.

[93] *Ibid.*

profissional e colocação. Ademais, requer a revogação de todas as disposições legais e práticas administrativas que não estejam em conformidade com essa política.[94]

Ainda dentro desse recorte, a Convenção nº 159 foi ratificada por 80 países e estipula que as organizações de empregadores, trabalhadores e pessoas com deficiência devem ser consultadas sobre a implementação de políticas nacionais relacionadas à readaptação profissional e ao emprego de pessoas com deficiência. Ela enfatiza a importância de envolver esses atores-chave nas discussões. Além das medidas antidiscriminatórias adotadas pelos governos, reconhece o papel desempenhado pelas organizações de empregadores e sindicatos na gestão das questões de deficiência no ambiente de trabalho.

Assim, a Organização Internacional do Trabalho também tem como objetivo aumentar a conscientização sobre os desafios enfrentados pelas pessoas com deficiência no contexto do trabalho e incentivar o desenvolvimento de novas iniciativas para promover seus direitos trabalhistas

O artigo 4º, em especial, toca num ponto importante da luta das pessoas com deficiência:

> Art. 4 — Essa política deverá ter como base o princípio de igualdade de oportunidades entre os trabalhadores deficientes e dos trabalhadores em geral. Dever-se-á respeitar a igualdade de oportunidades e de tratamento para as trabalhadoras deficientes. As medidas positivas especiais com a finalidade de atingir a igualdade efetiva de oportunidades e de tratamento entre os trabalhadores deficientes e os demais trabalhadores, não devem ser vistas como discriminatórias em relação a estes últimos.[95]

Outra pauta relevante para a questão, está no artigo 7º da Convenção em estudo e nos diz que as autoridades competentes devem implementar e avaliar serviços de orientação, treinamento profissional, colocação e emprego, entre outros serviços semelhantes, de modo a permitir que as pessoas com deficiência acessem, mantenham e avancem em seus empregos. Reza também que sempre quando for apropriado, esses serviços devem aproveitar os recursos já disponíveis para os trabalhadores em geral, fazendo as adaptações necessárias.

---

[94] GUGEL, Maria Aparecida. **Pessoas com Deficiência e o Direito ao Trabalho: Reserva de Cargos em Empresas, Emprego Apoiado**. Florianópolis, SC: Obra Jurídica, 2006, p.55.

[95] ORGANIZAÇÃO INTERNACIONAL DO TRABALHO. **Convenção nº 159 sobre Readaptação Profissional e Emprego (Pessoas Deficientes)**. Genebra, 1983.

Um exemplo adicional também de destaque entre as iniciativas internacionais que promovem os direitos das pessoas com deficiência é a Convenção nº 168 da OIT, promulgada em 1º de junho de 1988 que traz disposições relacionadas à proteção contra o desemprego e à promoção do emprego. Essa convenção também foi ratificada no Brasil por meio do Decreto nº 2.682, datado de 21 de julho de 1998.[96]

Por fim, importante salientar o disposto pela Flávia Piovesan:

> A partir do momento em que o Brasil se propõe a fundamentar suas relações com base na prevalência dos direitos humanos, está ao mesmo tempo reconhecendo a existência de limites e condicionamentos à noção de soberania estatal. Isto é, a soberania do Estado brasileiro fica submetida a regras jurídicas, tendo como parâmetro obrigatório a prevalência dos direitos humanos. Rompe-se com a concepção tradicional de soberania estatal absoluta, reforçando o processo de sua flexibilização e relativização, em prol da proteção dos direitos humanos. Esse processo é condizente com as exigências do Estado Democrático de Direito constitucionalmente pretendido.[97]

É salutar abordar a Declaração de Salamanca, diploma essencial para o progresso da educação inclusiva:

> A Declaração de Salamanca, de 10 de junho de 1994, foi aprovada pela Assembleia Geral da ONU através da Resolução nº 48/96 e elenca as regras padrão sobre a equalização de oportunidades para as pessoas com deficiência, que demanda que os Estados assegurem que a educação da pessoa com deficiência seja parte integrante do sistema educacional.
>
> Reuniram-se em Salamanca, Espanha, de 7 a 10 de junho de 1994, mais de 300 participantes, representando 92 governos e 25 organizações internacionais, a fim de promover o objetivo da educação para todos, examinando as mudanças fundamentais de políticas necessárias para desenvolver a abordagem da educação inclusiva, capacitando as escolas para atender a todas as crianças, sobretudo as que têm necessidades educativas especiais.[98]

---

[96] FARAH, Fabiana. **Autismo: os direitos – a realidade.** Rio de Janeiro: Lumen Juris, p. 47.

[97] PIOVESAN, Flávia. **Direitos Humanos e o Direito Constitucional Internacional.** São Paulo: Saraiva, 2022.

[98] UNESCO. **Declaração de Salamanca e Linha de Ação sobre Necessidades Educativas Especiais.** Salamanca, Espanha, 1994.

Conforme já expusemos em outro momento, é importante ressaltar que ao longo da história, as pessoas com deficiência têm sido sistematicamente excluídas dos ambientes escolares. Especificamente no caso do autismo, esse direito continua sendo negado, apesar da existência de legislação tanto a nível internacional quanto nacional que deveria garantir seu acesso à educação.

Isso representa uma questão séria; a falta de educação priva as pessoas autistas da oportunidade de se prepararem e competirem por empregos de qualidade. Como resultado, o número de indivíduos autistas com níveis inadequados de qualificação educacional aumenta, limitando suas perspectivas de um futuro promissor no setor público ou em empregos privados.

Avançando um pouco dentro da história, no ano de 1998, ocorreu a Conferência Internacional do Trabalho, que aprovou a Declaração dos Princípios e Direitos Fundamentais no Trabalho. Essa declaração estabeleceu quatro princípios fundamentais aplicáveis a todos os membros da OIT. Os princípios abrangem a liberdade sindical e o reconhecimento efetivo do direito de negociação coletiva, a eliminação de todas as formas de trabalho forçado, a completa abolição do trabalho infantil e a eliminação de todas as formas de discriminação no emprego e na ocupação.[99]

Por último, destaca-se a 61ª sessão da Assembleia Geral de 2006, que foi aprovada na Convenção sobre os Direitos das Pessoas com Deficiência e seu Protocolo Facultativo. Esse tratado, notável por ser o primeiro do século XXI, é o fruto de uma colaboração entre organizações da sociedade civil que representam e advogam em nome das pessoas com deficiência, defensores dos direitos humanos, agências internacionais e o comprometimento de nações que apoiaram a causa.

Sobre a questão, salienta Lopes:

> Ter uma convenção específica para pessoas com deficiência, pois, é também reconhecer sua identidade como coletivo, com contexto peculiar, o que requer proteção específica para acesso ao pleno exercício dos direitos, o que não é provido pela descrição genérica dos direitos contidos nos demais tratados existentes.

---

[99] ALVARENGA, Rúbia Zanotelli de. **Sistema Internacional de Proteção aos Direitos Humanos: aplicabilidade e efetivação da Constituição da Organização Internacional do Trabalho: OIT (1919) e da Declaração de Filadélfia (1944) = International System for the Protection of Human Rights: applicability and enforcement of the Constitution of the International Labor Organization: ILO (1919) and the Declaration of Philadelphia (1944).** Revista de direito do trabalho, São Paulo, v. 44, n. 187, p. 199-217, mar. 2018.

A base conceitual dessa Convenção é a mudança de paradigma, da perspectiva médica e assistencial, predominante por muitos anos na história da humanidade, como exposto anteriormente, para a visão social da deficiência baseada nos direitos humanos.[100]

A compreensão do contexto da diversidade, incorporada dentro do projeto de especificação, identificação e reconhecimento dos sujeitos de direitos, não só complementa o direito à igualdade, mas também se estabelece como um direito fundamental em si, conhecido como o direito à diversidade. Essa perspectiva ressalta a importância de respeitar tanto a diversidade quanto a singularidade, assegurando um tratamento especial e reconhecimento adequado.[101]

O conceito central que fundamenta o Artigo 1º da Convenção é a deficiência, concebida como um produto da interação entre o indivíduo e o contexto social, e estabelece o seguinte: "Pessoas com deficiência são aquelas que têm impedimentos de longo prazo de natureza física, mental, intelectual ou sensorial, os quais, em interação com diversas barreiras, podem obstruir sua participação plena e efetiva na sociedade em igualdade de condições com as demais pessoas."

Sobre o assunto, Farah enfatiza:

> Em seus 50 artigos, a Convenção tratou de igualdade; não de discriminação; tratou de mulheres e crianças com deficiência; de conscientização; de acessibilidade; sobre direito à vida; o acesso à justiça; sobre a liberdade e segurança; sobre a prevenção contra tratamentos desumanos; sobre violência e abuso; sobre proteção da integridade; sobre autonomia e inclusão; sobre mobilidade; sobre liberdade de expressão; acesso à informação; respeito à privacidade, ao lar e a família; educação; saúde, moradia; trabalho; proteção social; participação política e pública; acesso à cultura, lazer e esporte; coleta de dados e estatísticas, monitoramento e cooperação internacional.[102]

Destaca-se que no sistema jurídico brasileiro, os tratados de direitos humanos podem adotar duas posições distintas. Quando aprovados conforme estipulado no artigo 5º, § 3º da Constituição Federal, ou seja, mediante

---

[100] LOPES, Laís Vanessa Carvalho de Figueirêdo. **Convenção sobre os Direitos das Pessoas com Deficiência da ONU, seu Protocolo Facultativo e a Acessibilidade**. Dissertação (Mestrado em Direito) - Pontifícia Universidade Católica de São Paulo (PUC-SP), 2009, p. 49.

[101] PIOVESAN, Flávia. **Direitos Humanos e o Direito Constitucional Internacional**. São Paulo: Saraiva, 2022, p. 177-178.

[102] FARAH, Fabiana. **Autismo: os direitos – a realidade**. Rio de Janeiro: Lumen Juris, p.83

emendas à Constituição, adquirem o mesmo status de uma emenda constitucional. Assim, são reconhecidos como normas constitucionais, tanto em seu aspecto material, quanto em sua forma, em relação à hierarquia jurídica.

No entanto, se esses tratados não passarem por esse processo legislativo específico e forem aprovados como leis ordinárias, terão o status de supralegalidade. Isso implica estarem acima das leis ordinárias, mas abaixo das normas constitucionais, figurando em uma posição intermediária na hierarquia jurídica.

Seguindo essa linha de entendimento, existem dois tratados que possuem força de emenda à Constituição:

a. Decreto Nº 6.949, de 25 de agosto de 2009, mencionado anteriormente, que promulga a Convenção Internacional sobre os Direitos das Pessoas com Deficiência e seu Protocolo Facultativo, assinados em Nova York, em 30 de março de 2007;

b. O Decreto Nº 9.522, de 8 de outubro de 2018, promulga o Tratado de Marraqueche, assinado em 27 de junho de 2013, que visa facilitar o acesso a obras publicadas para pessoas com deficiência visual, cegas ou com outras dificuldades para acessar textos impressos.[103]

Nesse sentido, Sarlet[104] nos ensina que:

> Os tratados de direitos humanos tanto poderão ser aprovados por meio de uma emenda constitucional convencional, isto é, que siga o rito do art. 60 da CF, em sua plenitude, quanto mediante outra figura legislativa, observado, neste caso, o previsto no art. 5.º, § 3.º, da CF. Indicativo de que tal será – na esfera da prática político-legislativa – a orientação a ser seguida é a circunstância de que o Congresso Nacional, valendo-se da figura do decreto legislativo, mas observando os requisitos do art. 5.º, § 3.º, aprovou o texto da Convenção sobre os Direitos das Pessoas Portadoras de Deficiência (Dec. Legislativo 186/2008). De todo modo, resulta evidente que o Congresso Nacional (desde que tal orientação seja observada pelos legitimados para a propositura de projeto de emenda constitucional) poderá, a partir deste primeiro

---

[103] Jusbrasil. **Ainda existe ação de interdição no ordenamento jurídico brasileiro? Qual o status dos tratados internacionais de direitos humanos?** Disponível em: https://www.jusbrasil.com.br/artigos/ainda-existe-acao-de-interdicao-no-ordenamento-juridico-brasileiro-ou-status-dos-tratados-internacionais-de-direitos-humanos/1177450557. Acesso em: 02 de dezembro de. 2023.

[104] SARLET, Ingo Wolfgang; MARINONI, Luiz Guilherme; MITIDIERO, Daniel. **Curso de Direito Constitucional**. 8. ed. São Paulo: Saraiva Educação, 2019.

caso, seguir utilizando apenas a figura do decreto legislativo para a aprovação dos tratados internacionais, observando, no caso de tratados de direitos humanos, os parâmetros do art. 5.º, § 3.º, da CF, deixando de lado a possibilidade de aprovar os tratados pelo procedimento das emendas à Constituição.

Nessa esteira, embora tenhamos testemunhado avanços na implementação desses tratados em diversos países, persistem obstáculos que desafiam a realização plena desses direitos. A compreensão dessas lacunas, muitas vezes moldadas por fatores culturais, econômicos e estruturais, é essencial para aprimorar as estratégias de proteção e fortalecer os esforços globais rumo a uma sociedade mais justa e inclusiva para todos os indivíduos.

Por outro lado, fica claro que os referenciais normativos mencionados desempenharam um papel fundamental na configuração da política atual direcionada às pessoas com deficiência. É óbvio ululante que as pessoas com deficiência não apenas possuem o direito ao emprego estabelecido por esses dispositivos legais, mas também têm o direito reconhecido de exercê-lo em condições de igualdade com os demais indivíduos. No tópico a seguir, abordaremos a proteção da pessoa com deficiência e dos autistas no âmbito nacional.

3.3 PROTEÇÃO NO ÂMBITO NACIONAL

3.3.1 Estatuto da Pessoa com Deficiência (EPD) ou Lei Brasileira da Inclusão (LBI)

Em 2 de janeiro de 2016, entrou em vigor a Lei 13146/15, amplamente conhecida como o Estatuto da Pessoa com Deficiência, que ratifica a Convenção Internacional sobre os Direitos das Pessoas com Deficiência.

Conforme expresso pelo Relator, o Estatuto da Pessoa com Deficiência (EPD) representa simplesmente a harmonização da legislação com a Convenção, levando em consideração as peculiaridades da realidade brasileira:

> Em primeiro lugar, é fato notório que o Brasil incorporou ao direito interno a Convenção, inclusive com o status de norma constitucional. Como todo tratado internacional, a Convenção é marcada pela nota da generalidade. De fato, para obter o consenso necessário à sua eficácia, uma convenção de direitos humanos enuncia os direitos e garantias que devem ser reconhecidos pelos Estados-Partes de modo um tanto quanto aberto, traçando as diretrizes a partir das

quais cada Estado procurará adaptar sua legislação interna. Cabe a cada país, então, depois de ratificá-la, promover as alterações legais e os detalhamentos normativos condizentes com aqueles parâmetros. Portanto, o Estatuto da Pessoa com Deficiência - Lei Brasileira da Inclusão nada mais é que a adaptação da legislação ordinária à Convenção, sem perder de vista a realidade brasileira. Em segundo lugar, dados do último Censo Demográfico, realizado em 2010 pelo Instituto Brasileiro de Geografia e Estatística (IBGE), indicam que quase 24% da população brasileira possui algum tipo de deficiência. Logo, urge que esse expressivo segmento social, por suas desvantagens sociais incontroversas e por sua invisibilidade histórica, tenha mecanismos eficazes de promoção, proteção e garantia de seus direitos fundamentais, que é o que se propõe a fazer o projeto de lei sob análise.[105]

O Estatuto da Pessoa com Deficiência representa uma transformação na abordagem das pessoas com deficiência no sistema jurídico. Suas limitações físicas ou psicológicas não diminuem sua humanidade e, como resultado, mantêm todos os direitos e proteções concedidos a qualquer indivíduo de acordo com a lei, com uma ênfase especial na garantia de uma existência digna.

Vale destacar que a Constituição da República já incluía cláusulas destinadas a fomentar a integração das pessoas com deficiência na sociedade, embora sob uma ótica assistencialista. É fato que representou um avanço, mas não abarcou todas as necessidades. As pessoas com deficiência demandavam direitos individuais e sociais plenamente eficazes, bem como os recursos apropriados para promover tanto o desenvolvimento individual integral quanto a inclusão na sociedade.[106]

É crucial, nesse diapasão, tecermos uma distinção importante entre os conceitos de integração e inclusão. Embora a ideia de integração tenha sido concebida com o propósito de eliminar ou ao menos reduzir, a exclusão social que afetou as pessoas com deficiência durante muitos anos, ela parte

---

[105] FARIA, Romário. **Relatório ao Substitutivo da Câmara dos Deputados n. 4, de 2015, ao Projeto de Lei do Senado n. 6, de 2003 (Projeto de Lei n. 7.699, de 2006, na Câmara dos Deputados), do Senador Paulo Paim, que institui o Estatuto da Pessoa com Deficiência – Lei Brasileira de Inclusão.** Disponível em: < Relatório ao Substitutivo da Câmara dos Deputados n. 4, de 2015, ao Projeto de Lei do Senado n. 6, de 2003 >. Acesso em 27 de outubro de 2023.

[106] BARBOZA, Heloisa Helena; ALMEIDA, Vitor (Coord.). **Comentários ao Estatuto da Pessoa com Deficiência à luz da Constituição da República.** Belo Horizonte: Forum, 2018, p.33.

do pressuposto de que é a pessoa com deficiência que deve se ajustar ao ambiente e superar as barreiras presentes na sociedade, que permanecia em um estado de inércia. Por outro lado, a inclusão implica um comportamento ativo por parte da sociedade, a qual tem a responsabilidade de se adaptar para acolher as pessoas com deficiência.[107]

Nessa toada, o Estatuto da Inclusão estabelece a responsabilidade de toda a sociedade de se adaptar para que essas pessoas possam exercer plenamente seus direitos, sem que a deficiência seja vista como um obstáculo ao desfrute de seus direitos fundamentais[108]

Isso reflete o modelo adotado pela referida lei: o chamado modelo social, representando uma grande mudança de paradigma que contribui para o avanço das políticas públicas para as pessoas com deficiência.

Vimos os modelos de concepção da deficiência no capítulo inicial do nosso estudo. O modelo social enfatiza a influência do ambiente na vida das pessoas com deficiência e preconiza que essa influência seja constantemente considerada. Isso representa uma transformação positiva no enfoque conceitual e na perspectiva, migrando da abordagem médica-assistencialista para o modelo social da deficiência, fundamentado nos princípios dos direitos humanos.[109]

O modelo social prescreve a eliminação das barreiras existentes na sociedade, sejam elas arquitetônicas, comunicacionais ou atitudinais, para promover a inclusão das pessoas com deficiência. Conforme essa abordagem, as pessoas com deficiência são plenamente reconhecidas como detentoras de direitos e da dignidade humana inerente a todos os indivíduos, requerendo a adoção de atitudes proativas por parte da sociedade, do Estado e pelas próprias pessoas com deficiência.[110]

Para fins didáticos, colocamos um quadro comparativo entre o modelo médico e o modelo social adotado pelo EPD[111]:

---

[107] *Ibid.*

[108] CARDOSO, Marina Araújo Campos. **Reflexos do Estatuto da Pessoa com Deficiência na Teoria das Incapacidades. Reflexão e Crítica do Direito**, v. 8, n. 2, p. 98-114, jul./dez. 2020. ISSN 2358-7008. p. 103.

[109] LOPES, Laís de Figueiredo. **Comentários ao estatuto da pessoa com deficiência.** LEITE, Flávia Piva Almeida; RIBEIRO, Lauro Luiz Gomes; COSTA FILHO, Waldir Macieira da (Coord.). São Paulo: Saraiva, 2016, p. 43.

[110] *Ibid.*

[111] MARTINS, Lúcia de Araújo Ramos. **História da educação de pessoas com deficiência: da antiguidade ao início do Século XXI**. Campinas, SP: Mercado de Letras; Natal, RN: UFRN – Universidade Federal do Rio Grande do Norte, 2015, p. 52.

Quadro 4 – Comparação entre o Modelo Médico e o Modelo Social da Deficiência

	Modelo Médico	**Modelo Social**
A deficiência é um problema	Pessoal / Individual/ Privado.	Social / Coletivo
O eixo da intervenção é	O tratamento médico / a reabilitação	A ação e a integração social
As soluções surgem ao redor da	Intervenção profissional	Responsabilidade individual e coletiva
Adapta(m)-se	A pessoa com deficiência	Os ambientes às pessoas
Registra (m)-se	Os desvios da norma / os sintomas	Os preconceitos / A discriminação O descumprimento dos direitos.
A ação mais importante é	O cuidado / a cura	A promoção dos direitos humanos

Fonte: MARTINS, Lúcia de Araújo Ramos. **História da educação de pessoas com deficiência: da antiguidade ao início do Século XXI**. Campinas, SP: Mercado de Letras; Natal, RN: UFRN – Universidade Federal do Rio Grande do Norte, 2015

Borges e Souza, sobre o EPD, salientam que:

> Antes da criação desta lei as pessoas com deficiência, na maioria dos casos, não podiam tomar decisões por si mesmas, ficando privadas de certos atos da vida civil. Desta forma não se inseriam totalmente na sociedade, ficando cada vez mais excluídas, o que de certa forma faz com que aumente o preconceito e que dificulta cada vez mais sua convivência social. Com a vigência da lei, as pessoas com algum tipo de limitação passaram a responder por si mesmas, não ficando mais impedidas, desde que suas condições permitam realizar qualquer ato da vida civil, podendo inclusive entrar no mercado de trabalho. Em certo sentido, a inclusão da pessoa com deficiência no meio social proporciona maior igualdade entre os indivíduos, essa inclusão é a maior motivação para criação dessa lei, pois ninguém deve ser excluído do meio social por possuir qualquer tipo de deficiência. A lei trouxe inúmeras alterações ao Código Civil Brasileiro.[112]

[112] SOUZA, L. A. da S. de; BORGES, P. P. **Capacidade à luz do Estatuto da Pessoa com Deficiência**. Revista InterAção, *[S. l.]*, v. 10, n. 1, p. 71–80, 2019. DOI: 10.5902/2357797536806. Disponível em: https://periodicos. ufsm.br/interacao/article/view/36806. Acesso em: 16 nov. 2023.

O Estatuto da Pessoa com Deficiência promoveu modificações nos artigos 3º e 4º do Código Civil de 2002, resultando em uma reconfiguração substancial da estrutura da teoria das incapacidades. O Art. 3º do Código Civil de 2002 estabelecia que aqueles que possuíam alguma forma de deficiência e não tinham o discernimento adequado para realizar determinados atos ou que, devido a uma condição temporária, não podiam expressar sua vontade, eram considerados incapazes. Com a revogação desse artigo, apenas crianças e adolescentes com até 16 anos são classificados como incapazes. O inciso III foi incorporado ao Art. 4º do atual Código Civil brasileiro, que trata dos relativamente incapazes. Os incisos II e III, relacionados a indivíduos com discernimento reduzido devido à deficiência mental e àqueles sem desenvolvimento mental completo, foram revogados.

Dessa maneira, a incapacidade foi desvinculada de qualquer deficiência mental ou desenvolvimento mental incompleto, tornando a sua habilidade de expressar sua vontade a única medida para avaliar a capacidade de uma pessoa, não possuindo necessária ligação com alguma deficiência.[113]

Ressalta-se que a deficiência e incapacidade agora são vistas sem uma conexão imediata, marcando um avanço expressivo em relação à legislação anterior.

Além disso, se for identificada essa insuficiência, a incapacidade passará a ser categorizada como relativa em vez de absoluta. Isso significa que, embora as condições que anteriormente determinavam a incapacidade absoluta sejam distintas das atuais que estabelecem as incapacidades relativas, a intenção do legislador foi unificar ambas. Nesse sentido, mesmo aqueles que não consigam, de maneira absoluta, expressar sua vontade, agora serão considerados relativamente incapazes. Sobre a referente mudança, vejamos o quadro a seguir:

---

[113] CARDOSO, Marina Araújo Campos. **Reflexos do estatuto da Pessoa com Deficiência na Teoria das Incapacidades. Reflexão e Crítica do Direito**, v. 8, n. 2, p. 98-114, jul./dez. 2020. ISSN 2358-7008. p. 109.

Quadro 5 – Evolução das Normas de Incapacidade Civil: Antes e Depois do EPD

	Antes do EPD	Após o EPD
Absolutamente incapazes	Art. 3º São absolutamente incapazes de exercer pessoalmente os atos da vida civil: I - os menores de dezesseis anos; II - os que, por enfermidade ou deficiência mental, não tiverem o necessário discernimento para a prática desses atos; III - os que, mesmo por causa transitória, não puderem exprimir sua vontade.	São absolutamente incapazes de exercer pessoalmente os atos da vida civil os menores de 16 (dezesseis) anos.
Relativamente incapazes	Art. 4º São incapazes, relativamente a certos atos, ou à maneira de os exercer: I - os maiores de dezesseis e menores de dezoito anos; II - os ébrios habituais, os viciados em tóxicos, e os que, por deficiência mental, tenham o discernimento reduzido; III - os excepcionais, sem desenvolvimento mental completo; IV - os pródigos.	Art. 4º São incapazes, relativamente a certos atos, ou à maneira de os exercer: I - os maiores de dezesseis e menores de dezoito anos; II - os ébrios habituais e os viciados em tóxico; III - aqueles que, por causa transitória ou permanente, não puderem exprimir sua vontade; IV - os pródigos.

Fonte: elaboração própria

Em comemoração à mudança, o Senador Romário explicou que o cerne dessa reforma está no reconhecimento de que apenas ser uma pessoa com deficiência não deve, por si só, ser uma razão para restringir a capacidade jurídica. Assim, a deficiência não deve ser o ponto de partida nem se tornar um fator limitante da capacidade civil.[114]

Nesse cenário, foi estabelecido o instrumento da Tomada de Decisão Apoiada (TDA), com o propósito de fomentar o desenvolvimento pessoal das pessoas com deficiência e garantir a liberdade preconizada pelo estatuto.

---

[114] FARIA, Romário. **Relatório ao Substitutivo da Câmara dos Deputados n. 4, de 2015, ao Projeto de Lei do Senado n. 6, de 2003 (Projeto de Lei n. 7.699, de 2006, na Câmara dos Deputados), do Senador Paulo Paim, que institui o Estatuto da Pessoa com Deficiência – Lei Brasileira de Inclusão.** Disponível em: < Relatório ao Substitutivo da Câmara dos Deputados n. 4, de 2015, ao Projeto de Lei do Senado n. 6, de 2003 >. Acesso em 27 de outubro de 2023.

Isso permite que a pessoa com deficiência recupere a sua autonomia, que anteriormente lhe havia sido negada, quando se encontrava em uma posição de dependência em que a sua vontade não era levada em consideração na tomada de decisões.

A Tomada de Decisão Apoiada (TDA) é um mecanismo destinado a auxiliar pessoas com deficiência que, embora tenham algum grau de deficiência psíquica, física ou intelectual, ainda conseguem expressar suas vontades. Essa abordagem visa preservar sua capacidade civil, representando uma terceira alternativa ao lado da curatela e tutela. A TDA encontra-se em um ponto intermediário entre indivíduos sem deficiência significativa e aqueles que, devido à impossibilidade de expressar sua vontade, são considerados relativamente incapazes.

Destaca-se que esse instituto legal, no contexto do sistema jurídico brasileiro, não possui equivalente em nenhum outro já existente no país. Sua introdução está alinhada com as diretrizes estabelecidas na Convenção das Nações Unidas sobre os Direitos das Pessoas com Deficiência.[115]

Ainda sobre o tema:

> A tomada de decisão apoiada é um instrumento criado por lei no Brasil para ajudar a cumprir os ideais de máxima autonomia e independência da pessoa com deficiência. Por meio dela, é garantida ao indivíduo nessa qualidade a proteção jurídica necessária para a prática dos atos negociais e patrimoniais, sem restringir a sua capacidade civil.
>
> A ideia aqui é simples, meus caros leitores: viabilizar o protagonismo da pessoa com deficiência na tomada de suas decisões, permitindo que possa receber apoio de pessoas da sua elevada confiança para confirmar ou validar determinados atos.
>
> Imagine só um jovem com síndrome de down, que tenha recebido todos os cuidados e estímulos necessários para ter uma vida adulta independente. Ele pode perfeitamente ser bem resolvido e manifestar sua própria vontade. Mas, pode ser que necessite de algum apoio para interpretar cláusulas contratuais e celebrar determinados negócios.
>
> Eis que surge a tomada de decisão apoiada como solução. Mais branda do que a curatela, por exemplo, garante a segurança jurídica necessária tanto para a pessoa com deficiência, quanto para o terceiro que celebra negócios com ela.[116]

---

[115] FARIAS, Cristiano Chaves de; CUNHA, Rogério Sanches; PINTO, Ronaldo Batista. **Estatuto da Pessoa com Deficiência Comentado artigo por artigo**. Salvador: Juspodivm, 2016, p.341.

[116] HELTON, Thiago. **Tomada de Decisão Apoiada**. Blog Aurum, 27 de outubro de 2023. Disponível em: <https://www.aurum.com.br/blog/tomada-de-decisao-apoiada>. Acesso em 27 de outubro de 2023.

De acordo com o caput do art. 1783-A do Código Civil de 2002, "A tomada de decisão apoiada é o processo pelo qual a pessoa com deficiência elege pelo menos 2 (duas) pessoas idôneas, com as quais mantenha vínculos e que gozem de sua confiança, para prestar-lhe apoio na tomada de decisão sobre atos da vida civil, fornecendo-lhes os elementos e informações necessários para que possa exercer sua capacidade."

Cardoso, tece uma crítica negativa sobre uma faceta dessa mudança ocorrida na teoria das incapacidades:

> Contudo, o EPD gerou uma falha na teoria das incapacidades na medida em que gerou maior vulnerabilidade ao grupo de pessoas que não são capazes de manifestar vontade e não possuem margem de discernimento para exercer a autodeterminação. Essas pessoas são tratadas atualmente como relativamente incapazes e não absolutamente incapazes, como seria o mais adequado, por apresentar regras mais protetivas

Acreditamos, no entanto, que não houve falha na teoria das incapacidades e, sim, um fortalecimento da autonomia da pessoa com deficiência. O instituto da tomada de decisões, por exemplo, prioriza a independência da PcD, ao mesmo tempo que concede uma grande proteção.

Lembrando, ainda, que a ferramenta legal em estudo não tem a finalidade de substituir a curatela, mas sim de ser uma alternativa a ela. Isso se dá pelo fato de que, de acordo com o Estatuto da Pessoa com Deficiência, a curatela passa a ser uma medida excepcional, adaptada às necessidades e às particularidades de cada situação e terá a menor duração possível.[117]

Na Itália, onde essa prática já tem onze anos de experiência, observa-se que a introdução da administração apoiada desencadeou uma verdadeira revolução institucional. Esse impacto foi reconhecido inclusive pela Corte Constitucional (decisão de 9 de dezembro de 2005, nº 440), resultando em uma considerável restrição do uso da interdição, relegando-a a um papel residual..[118]

Leite, em se tratando do instituto da curatela, comenta:

> Enquanto mecanismo protetivo extremo e extraordinário, a curatela não implica, necessariamente, a interdição da pessoa, mas a viabilização de um cuidado especial. Nesse

---

[117] FREIRE, Lílian Viana; CARR, Lívia Vilas Bôas. **Aplicações da Convenção Internacional sobre os Direitos das Pessoas com Deficiência na Curatela e Tomada de Decisão Apoiada.** Escola Superior do Ministério Público do Ceará, Centro de Estudos e Aperfeiçoamento Funcional, Ano 13, nº 2, p. 165, ago./dez. 2021.

[118] ROSENVALD, Nelson. **A Tomada de Decisão Apoiada – Primeiras Linhas sobre um Novo Modelo Jurídico Promocional da Pessoa com Deficiência.** Revista IBDFAM: Famílias e Sucessões, Belo Horizonte, n. 10, p. 11-19, jul./ago. 2015, p.11.

> aspecto, o Código Civil prevê a possibilidade da curatela especial (curatela por representação e não por interdição), sem prejuízo da capacidade civil, para as pessoas com deficiência física requerimento dela própria ou de um parente, dando-se-lhe um curador que possa cuidar de todos ou de alguns de seus negócios ou bens (art.1.780). A considerar o princípio da igualdade e o reconhecimento da autonomia para todas as pessoas com deficiência, entende-se que também é possível a curatela por representação para aqueles sujeitos com deficiência no âmbito psíquico ou intelectual. Nesse aspecto, distinguir-se-ia da "tomada de decisão apoiada" pelo fato de conferir poder ao procurador para, em nome do curatelado, firmar o negócio jurídico não apenas conferir apoio.[119]

Nessa nova configuração, a curatela abrangerá exclusivamente os atos ligados ao domínio patrimonial e negocial (conforme o artigo 84 da Lei nº 13.146/15), sem interferir nos direitos relacionados ao próprio corpo, à sexualidade, ao casamento, à privacidade, à educação, à saúde, ao emprego e ao voto (conforme o artigo 85 da Lei nº 13.146/15).[120]

Nesse sentido, Maria José Santos Morón nos ensina:

> La incapacitación de un individuo debe estar regida, en primer lugar, por el que podríamos denominar – empleando nuevamente la terminología alemana –"principio de necesidad", en virtud del cual sólo debe incapacitarse a un individuo cuando sea estrictamente necesario, es decir, cuando no sea posible proteger sus intereses de otro modo. Ello implica, asimismo, que la limitación de facultades del incapacitado debe ser también la indispensable. Es decir, la actuación del representante legal del incapacitado (o, en su caso, del curador) debe extenderse sólo a aquellos asuntos en los que sea necesaria su intervención.[121]

Reforçamos que o Estatuto da Pessoa com Deficiência é claro ao estabelecer a capacidade plena para as pessoas com deficiência:

> Art. 6º A deficiência não afeta a plena capacidade civil da pessoa, inclusive para:

---

[119] MENEZES, Joyceane Bezerra. **O direito protetivo no brasil após a convenção sobre a proteção da pessoa com deficiência. Civilistica.** Revista eletrônica de direito civil, v. 4, n. 1, p. 1-34, 2015, p.19.

[120] *Ibid.*

[121] MORÓN, Maria José Santos. **La situación de los discapacitados psíquicos desde la perspectiva del derecho civil.** In: CAMPOYCERVERA, Ignácio (Org.). Los derechos de las personas con discapacidad: perspectivas sociales, políticas, jurídicas y filosóficas. Madrid: Dykinson, 2005, p. 169.

> I - casar-se e constituir união estável; II - exercer direitos sexuais e reprodutivos; III - exercer o direito de decidir sobre o número de filhos e de ter acesso a informações adequadas sobre reprodução e planejamento familiar; IV - conservar sua fertilidade, sendo vedada a esterilização compulsória; V - exercer o direito à família e à convivência familiar e comunitária; e VI - exercer o direito à guarda, à tutela, à curatela e à adoção, como adotante ou adotando, em igualdade de oportunidades com as demais pessoas.

O casamento contraído por uma pessoa com enfermidades mentais, sem discernimento para os atos da vida civil, não é mais considerado nulo, ao contrário do que era tratado pelo inciso I do Art. 1.548 do CC/2002. Anteriormente, a autorização poderia ser revogada pelos pais, tutores ou curadores. A falta de conhecimento, antes do casamento, de um defeito físico irremediável ou de uma doença mental grave que tornasse insuportável a vida em comum ao cônjuge enganado era considerada um erro essencial sobre a pessoa do cônjuge. Com a nova redação, essa consideração não se aplica mais. Agora, só se considera a ignorância anterior ao casamento de defeito físico que não caracterize deficiência para esse assunto.

Cardoso, interpreta o tópico de forma elucidativa:

> A interpretação sistemática da Lei de Inclusão leva à seguinte conclusão: a) a plena capacidade da pessoa com deficiência para o exercício dos direitos existenciais e patrimoniais passa a ser a regra; b) pessoa com limitações funcionais que dificultem o exercício dos direitos e os atos da vida civil pode se valer do instituto da tomada de decisão apoiada como forma de auxílio, mas os apoiadores não representam a pessoa, apenas fornecem elementos e informações que contribuem para o exercício da capacidade, constituindo elemento para assegurar a autonomia; c) a pessoa com deficiência que não compreender os fatos à sua volta e não for capaz de expressar a vontade será considerada relativamente incapaz para certos atos, hipótese excepcional de nomeação de curador por decisão judicial que irá instituir a curatela e definir os seus limites.[122]

No artigo 8º do EPD, é enfatizado que a responsabilidade de garantir os direitos fundamentais da pessoa com deficiência recai não somente sobre o Estado, mas também sobre à sociedade e à família:

---

[122] CARDOSO, Marina Araújo Campos. **Reflexos do Estatuto da Pessoa com Deficiência na Teoria das Incapacidades**. Reflexão e Crítica do Direito, v. 8, n. 2, p. 98-114, jul./dez. 2020.

Art. 8º. É dever do Estado, da sociedade e da família assegurar à pessoa com deficiência, com prioridade, a efetivação dos direitos referentes à vida, à saúde, à sexualidade, à paternidade e à maternidade, à alimentação, à habitação, à educação, à profissionalização, ao trabalho, à previdência social, à habilitação e à reabilitação, ao transporte, à acessibilidade, à cultura, ao desporto, ao turismo, ao lazer, à informação, à comunicação, aos avanços científicos e tecnológicos, à dignidade, ao respeito, à liberdade, à convivência familiar e comunitária, entre outros decorrentes da Constituição Federal, da Convenção sobre os Direitos das Pessoas com Deficiência e seu Protocolo Facultativo e das leis e de outras normas que garantam seu bem-estar pessoal, social e econômico.[123]

Dado todo o exposto, depreende-se que:

"problema" não é do surdo, que não entende o que está sendo dito na TV, e, sim, da emissora que não colocou a legenda (sistema closed-caption); o "problema" não é do cego que não consegue estudar e, sim, dos estabelecimentos de ensino que não publicam e nem adquirem computadores em braile e que também não habilitam seus professores na língua de libras; o "problema" Não é do deficiente físico (*sic*) que não pode subir escada ou entrar num ônibus e, sim, do Estado que aprovou construções e veículos sem rampas ou elevadores de acesso.[124]

Ressalta-se que o Estatuto da Pessoa com Deficiência tem como seu princípio fundamental e objetivo central a promoção da igualdade para as pessoas com deficiência. Esse propósito é concretizado por meio de duas abordagens: a primeira envolve a discriminação positiva, que estabelece a implementação de ações afirmativas pelo Estado, visando garantir que as pessoas com deficiência desfrutem, assim como alcancem sua autodeterminação e plenamente de seus direitos individuais e sociais realização pessoal. A segunda abordagem consiste na proibição de qualquer forma de discriminação negativa com base na deficiência. A igualdade é considerada um direito fundamental que deve ser assegurado a todos os cidadãos brasileiros, sem exceção. Quando se identifica um grupo que historicamente sofreu exclusão na sociedade, torna-se imperativo incluí-lo com igualdade de oportunidades em relação a todos os demais.

---

[123] BRASIL. Lei nº 13.146, de 6 de julho de 2015. **Institui a Lei Brasileira de Inclusão da Pessoa com Deficiência (Estatuto da Pessoa com Deficiência)**. Diário Oficial da União, Brasília, DF, 7 jul. 2015.

[124] CRUZ, Álvaro Ricardo de Souza. **O direito à diferença: as ações afirmativas como mecanismo de inclusão social de mulheres, negros, homossexuais e portadores de deficiência**. Belo Horizonte: Del Rey, 2003. p. 132-133.

A mudança de paradigma na Teoria das Incapacidades propiciada pelo Estatuto da Pessoa com Deficiência veio reconhecer a capacidade das pessoas com deficiência de participar ativamente das escolhas que afetam suas vidas, reforçando a sua autodeterminação e garantindo que sejam ouvidas e respeitadas em processos decisórios que lhes dizem respeito. É um passo importante para promoção de uma sociedade mais inclusiva e equitativa, onde a diversidade seja plenamente reconhecida e valorizada.

3.3.2 Direitos dos Autistas e a Lei Berenice Piana

O Transtorno do Espectro Autista, como visto na parte inicial e histórica do presente estudo, causa muitos prejuízos para vida e saúde da pessoa que nasce com ele, dificultando o gozo de uma vida plena. Em reconhecimento dessa realidade, no ano de 2012, mais precisamente em 27 de dezembro, foi promulgada a Lei Federal 12.764. Esta lei instituiu a Política Nacional de Proteção dos Direitos da Pessoa com Transtorno do Espectro Autista, delineando suas orientações e estabelecendo os direitos das pessoas autistas.

No contexto histórico em que foi promulgada, é relevante destacar que essa legislação resultou de uma batalha liderada por pais de indivíduos autistas:

> Por trás da mesma, há uma história de luta e persistência de uma mãe de um menino portador (*sic*) de autismo diagnosticado, Berenice Piana, que se engajou e é ativista na luta pelos direitos dos autistas. Vale ressaltar que a mesma foi a única mulher que conseguiu a aprovação de uma lei por meio da legislação participativa.
>
> Após obter o apoio de um grupo de pais, ela iniciou uma batalha diária para conseguir voltar a atenção dos políticos para si e para a necessidade da Lei que amparasse os portadores (*sic*) do Transtorno do Espectro Autista. Muitas das vezes foi ignorada por conta do preconceito bem como a falta de informações que paira na sociedade atual e até mesmo no âmbito político. Então, incentivada pelo seu pai e avô, ela passou a enviar e-mails para diversos deputados e senadores com o intuito de sensibilizá-los, todavia, não foi respondida. Contudo, ela nunca desistiu e ao enviar um e-mail para o Senador Paulo Paim (PT/RS), este concordou com a necessidade da criação da lei e sugeriu que o projeto fosse uma iniciativa popular por meio de legislação participativa.

> Após muita luta e persistência, a Lei nº 12.764/12 foi promulgada instituindo assim a Política Nacional de Proteção dos Direitos das Pessoas portadoras (*sic*) do Transtorno do Espectro Autista, estabelecendo direitos como a integridade física e moral, a inclusão social, resguardando a igualdade e a dignidade da pessoa humana bem como o reconhecimento do autista como uma pessoa com deficiência, abarcando assim, todos os direitos legais previstos para as pessoas deficientes.[125]

A partir do artigo 3º da Lei 12.764/12, são listados diversos direitos que pertencem às pessoas com Transtorno do Espectro Autista. Vale ressaltar, que muitos desses direitos já estavam previstos na Constituição da República e na legislação anterior à Lei 12.764/12. Posteriormente, esses direitos foram consolidados na Lei 13.146/2015, conhecida como o Estatuto da Pessoa com Deficiência[126].

Nessa esteira, Valente destaca que:

> A lei assegura, ainda, que a pessoa com TEA não será submetido a tratamento desumano ou degradante, não será privado do convívio familiar e não será discriminado por sua deficiência. É assegurada à pessoa com TEA a possibilidade de participar de planos privados de assistência à saúde. Por fim, a lei prevê que o gestor escolar não poderá se recusar a fazer a matrícula de uma criança que possua TEA, sob pena de incorrer no pagamento de multa, de três a vinte salários mínimos. Percebe-se que a lei é expositiva, e traz com coerência todo o suporte necessário para prestar e garantir os direitos da pessoa com Transtorno do Espectro Autista resta saber se tais

---

[125] LOPES, Rosalia Maria De Rezende. REZENDE, Paulo Izidio Da Silva. **O direito da pessoa com Transtorno do Espectro Autismo (TEA).** Revista Científica Multidisciplinar Núcleo do Conhecimento. Ano 06, Ed. 05, Vol. 13, pp. 65-82. Maio de 2021. ISSN: 2448-0959, Link de acesso: https://www.nucleodoconhecimento.com.br/lei/espectro-autismo

[126] Art. 3º São direitos da pessoa com transtorno do espectro autista:
I - a vida digna, a integridade física e moral, o livre desenvolvimento da personalidade, a segurança e o lazer;
II - a proteção contra qualquer forma de abuso e exploração;
III - o acesso a ações e serviços de saúde, com vistas à atenção integral às suas necessidades de saúde, incluindo:
a) o diagnóstico precoce, ainda que não definitivo;
b) o atendimento multiprofissional;
c) a nutrição adequada e a terapia nutricional;
d) os medicamentos;
e) informações que auxiliem no diagnóstico e no tratamento;
IV - o acesso:
a) à educação e ao ensino profissionalizante;
b) à moradia, inclusive à residência protegida;
c) ao mercado de trabalho;
d) à previdência social e à assistência social.

> disposições estão sendo efetivas no sentido de cumprirem o
> que se dispõe a fazer: garantir acesso aos direitos fundamentais
> da pessoa com deficiência, bem como incluí-lo na sociedade,
> sem qualquer tipo de discriminação por sua condição.[127]

A legislação garante o direito das pessoas autistas a um diagnóstico precoce, permitindo o acesso às intervenções e apoios necessários para o seu desenvolvimento pleno. No entanto, devido ao preconceito e à falta de conhecimento, muitos indivíduos que estão no espectro chegam à vida adulta sem diagnóstico e, consequentemente, sem acesso aos seus direitos. É de extrema importância que os profissionais da saúde e educação possuam um entendimento sólido do Transtorno do Espectro Autista para identificá-lo de maneira eficaz.

A verdade é que até os dias atuais, muitos profissionais têm uma compreensão limitada do autismo. Com o propósito de viabilizar o diagnóstico precoce, foi promulgada a Lei nº 13.438/2017, que estabelece a obrigatoriedade do Sistema Único de Saúde (SUS) de realizar avaliações para identificar possíveis desenvolvimentos atípicos em bebês de até 18 meses de idade.

Porém, o Conselho Federal de Psicologia adota uma postura contrária a essa legislação, argumentando que ela acarreta uma patologização desnecessária da infância. Com base em preceitos da Psicanálise, afirmam que o autismo nem sempre é passível de detecção nessa faixa etária.

Com visão oposta, a área da psiquiatria-neurologia presta apoio à referida lei e enfatiza a importância da intervenção precoce. Eles sustentam que a crítica à patologização da infância carece de base científica e favorece a rotulagem da criança.[128]

Ainda sobre à lei em comento, Alvarenga coloca em destaque uma crítica da ABRAÇA:

> A Associação Brasileira para Ação dos Direitos da Pessoa com
> Autismo, a ABRAÇA, se posicionou contrária à lei, não por ser
> contrária a políticas de detecção precoce do autismo e outras
> deficiências , que é essencial para a estimulação adequada
> para o melhor desenvolvimento, mas pela forma em que a

---

[127] VALENTE, Nara Luiza. **A garantia do direito à saúde da criança autista no município de Ponta Grossa/ Paraná: da proteção social tradicional à emergência de uma proteção social pública estatal**. Ponta Grossa, 2018. Dissertação (Mestrado em Ciências Sociais Aplicadas – Área de Concentração – Cidadania e Políticas Públicas), Universidade Estadual de Ponta Grossa.

[128] ALVARENGA, Natany Marques de. **Lei Berenice Piana e Inclusão dos Autistas no Brasil**. Disponível em: < https://www.fadiva.edu.br/documentos/jusfadiva/2017/06.>. Acesso em: 18 de Out. de 2023.

lei foi formulada; e, manifestou sua preocupação, pela falta de uma discussão ampla o suficiente dos principais atores envolvidos e interessados: como, a comunidade médica e científica, os movimentos da pessoa com deficiência, autismo e saúde mental e os movimentos sociais relacionados com a primeira infância e que o protocolo de rastreio deveria ter por base, critérios impessoais e técnicos através das autoridades competentes antes de promover o rastreio e a estimulação precoce, o texto da Lei traz nomenclaturas e padrões muito estritos de aplicação que direcionam especificamente para um protocolo sem validade na comunidade científica, os Indicadores de Risco para o Desenvolvimento Infantil (IRDI), que apresenta um viés de culpabilização das mães, baseado em teorias psicanalíticas ultrapassadas, e descarta outros testes reconhecidos mundialmente, como o M-CHAT, que é o protocolo mais recomendado para o rastreamento precoce, entre 16-30 meses, além de utilizarem o termo "risco para o desenvolvimento psíquico", sendo que o autismo é uma condição de desenvolvimento neurológico predominantemente genético e não psicológico, tornando o termo inapropriado. O ideal seria sinais de desenvolvimento neurodiverso ou sinais de desenvolvimento atípico. Evidente que todas as pessoas se desenvolvem cognitiva e mentalmente, e que muitos fatores podem colocar em risco esse desenvolvimento, como a falta de estimulação adequada e a falta de serviços, o que não é tratado na legislação.[129]

Logo depois, no art. 4º da Lei Berenice Piana, é enfatizado que:

> Art. 4º A pessoa com transtorno do espectro autista não será submetida a tratamento desumano ou degradante, não será privada de sua liberdade ou do convívio familiar nem sofrerá discriminação por motivo da deficiência. Parágrafo único. Nos casos de necessidade de internação médica em unidades especializadas, observar-se-á o que dispõe o art. 4º da Lei no 10.216, de 6 de abril de 2001.

Compreende-se que este artigo está diretamente relacionado ao direito a uma vida digna, visto que, além de garantir tratamento, conforme estabelecido no artigo 3º, III, este tratamento não pode ser desumano ou degradante. Além disso, reforça o direito ao convívio familiar, à liberdade e à proteção contra discriminação devido à condição autística.[130].

---

[129] *Ibid.*

[130] VIEIRA, Fabiano de Mello; AMARAL, Maurício Koubay do; AMARAL, Tabata Brandt do. **Direitos sociais das pessoas com transtorno do espectro autista.** In: Revista Eletrônica do Curso de Direito do Centro Universitário UniOpet. Curitiba-PR. Ano XIII, n. 22, jan/jun 2020.

Quando um indivíduo autista é tratado com justiça, sensibilidade e igualdade, é mais provável que apresente uma evolução positiva em sua condição clínica. Por outro lado, quando esse mesmo indivíduo é submetido a qualquer tipo de violência, abuso ou maus-tratos, é propenso a se isolar, desenvolver agressividade voltada para si mesmo (ou para os outros), regredindo em sua habilidade de interagir socialmente.

No contexto escolar, é essencial desenvolver estratégias apropriadas para garantir a inclusão das pessoas que estão no espectro. O artigo 2º estabelece diretrizes com o propósito de orientar as escolas:

> I – a intersetorialidade no desenvolvimento das ações e das políticas e no atendimento à pessoa com transtorno do espectro autista;
> II – a participação da comunidade na formulação de políticas públicas voltadas para as pessoas com transtorno do espectro autista e o controle social da sua implantação, acompanhamento e avaliação; [...]
> VII – o incentivo à formação e à capacitação de profissionais especializados no atendimento à pessoa com transtorno do espectro autista, bem como a pais e responsáveis;
> VIII – o estímulo à pesquisa científica, com prioridade para estudos epidemiológicos tendentes a dimensionar a magnitude e as características do problema relativo ao transtorno do espectro autista no País.

No artigo 2º, o inciso IV, que foi vetado, tratava do direito da pessoa com Transtorno do Espectro Autista (TEA) de ter um acompanhante especializado. Os sistemas de ensino deveriam disponibilizar atendimento educacional especializado e um profissional de apoio gratuitamente, independentemente da necessidade. O parágrafo único do artigo 3º, atualmente em vigor, assegura esse direito, porém requer comprovação da necessidade. Essa medida visa atender a cuidados específicos, como higiene, alimentação, locomoção e até comunicação em sala de aula, com a proibição de qualquer cobrança adicional nas mensalidades ou anuidades das famílias.

No âmbito educacional, abrangendo as orientações da Lei 12.764/2012, a legislação inclui ainda o acesso à educação e à formação profissional (conforme o artigo 3º, inciso IV, alínea "a").

Na sequência, a lei prevê sanções que vão desde multas até a destituição do cargo para o gestor escolar ou autoridade competente que, porventura, se recusar a matricular uma pessoa com TEA ou qualquer tipo de deficiência, em caso de reincidência (conforme o artigo 7º, parágrafo primeiro). Vejamos:

COMO INCLUIR OS AUTISTAS NO MERCADO DE TRABALHO

> Art. 7º O gestor escolar, ou autoridade competente, que recusar a matrícula de aluno com transtorno do espectro autista, ou qualquer outro tipo de deficiência, será punido com multa de 3 (três) a 20 (vinte) salários-mínimos. § 1º Em caso de reincidência, apurada por processo administrativo, assegurado o contraditório e a ampla defesa, haverá a perda do cargo.

Eugênio Cunha salienta:

> O aluno com autismo não é incapaz de aprender, mas possui uma forma peculiar de responder aos estímulos, culminando por trazer-lhe um comportamento diferenciado que pode ser responsável tanto por grandes angústias como por grandes descobertas, dependendo da ajuda que ele receber.[131]

Nessa esteira, o Atendimento Terapêutico (AT) auxilia crianças e adolescentes com Transtorno do Espectro Autista na escola. O profissional deve ter formação em pedagogia ou psicologia, ou por um estudante dessas áreas, que trabalha sob a orientação e supervisão de especialistas.

Estudos indicam que crianças com Transtorno do Espectro Autista (TEA) não se beneficiam dos métodos de ensino convencionais. Elas enfrentam desafios relacionados à atenção, compreensão de instruções complexas e concentração em diferentes tipos de estímulos simultâneos, incluindo visuais e auditivos. Portanto, elas necessitam de estratégias de ensino específicas e adaptadas[132]

Assim, se realmente desejamos fomentar a inclusão dos estudantes com Transtorno do Espectro Autista (TEA), é crucial implementar adaptações que preservem o direito à dignidade e à educação, os quais são inerentes a todo autista. Adaptação não deve ser vista como um gesto de benevolência, mas sim como um direito essencial do autista.

É importante observar também que a Lei nº 12.764/2012 oferece proteção específica à saúde, incluindo o direito ao diagnóstico precoce e a obrigação de disponibilizar atendimento multiprofissional para indivíduos que estão no espectro autista: "Art. 2º São diretrizes da

---

[131] CUNHA, Eugênio. **Autismo e inclusão: Psicologia e práticas educativas na escola e na família.** Rio de Janeiro: WAK, 2011, p.68.

[132] KHOURY, L. P. et al. **Manejo comportamental de crianças com Transtornos do Espectro do Autismo em condição de inclusão escolar: guia de orientação a professores** [livro eletrônico]. São Paulo: Memnon, 2014, p. 26.

Política Nacional de Proteção dos Direitos da Pessoa com Transtorno do Espectro Autista:(...) III – a atenção integral às necessidades de saúde da pessoa com transtorno do espectro autista, objetivando o diagnóstico precoce, o atendimento multiprofissional e o acesso a medicamentos e nutrientes."

Reforçando o compromisso com a saúde, na respectiva lei, temos:

> Art. 3 São direitos da pessoa com transtorno do espectro autista: III - o acesso a ações e serviços de saúde, com vistas à atenção integral às suas necessidades de saúde, incluindo: a) o diagnóstico precoce, ainda que não definitivo; b) o atendimento multiprofissional; c) a nutrição adequada e a terapia nutricional; d) os medicamentos; e) informações que auxiliem no diagnóstico e tratamento.

Após a promulgação da Lei Berenice Piana, surgiram dois documentos valiosos do Ministério da Saúde: as "Diretrizes de Atenção à Reabilitação da Pessoa com Transtorno do Espectro Autista", que aborda a reabilitação como estratégia terapêutica e a "Linha de Cuidado para a Atenção às Pessoas com Espectro Autista e suas Famílias na Rede de Atenção Psicossocial do Sistema Único de Saúde". Esta última enfatiza o tratamento por meio do Centro de Atenção Psicossocial Infanto-Juvenil (CAPSI). As prerrogativas expressas na Lei 12.764/2012 e em outras diretrizes correlatas, embora ainda não devidamente implementadas, oferecem suporte mínimo às famílias atípicas, promovem avanços globais no desenvolvimento das pessoas no espectro autista e mitigam os conflitos decorrentes do precário atendimento fornecido pela rede pública em geral.

Ainda sobre o tema, o art. 5º da referida lei dita que a condição de pessoa autista não pode ser usada como motivo para proibir sua participação em planos privados de assistência à saúde.

Infelizmente, há frequentes práticas ilegais por parte das empresas de planos de saúde, que persistem em negar tratamento adequado e multidisciplinar para crianças com Transtorno do Espectro Autista (TEA). Essas condutas devem ser veementemente condenadas pelo Poder Judiciário. É responsabilidade do Judiciário assegurar a justiça e garantir a plena realização do princípio da dignidade da pessoa humana, especialmente quando a questão em pauta envolve a vida e a saúde.[133]

---

[133] SOUZA, Alessandra Varrone de Almeida Prado et al. **Direitos dos autistas**. Porto Alegre: Verbo Jurídico, 2023. (Recurso eletrônico).

No Brasil, o Sistema Único de Saúde (SUS) é responsável pela prestação de serviços de saúde pública. Contudo, o atendimento para autistas não atende às expectativas. Isso se deve à inadequação das quantidades de sessões, à falta de adoção de métodos multidisciplinares atualizados em tratamentos e à completa ausência de atendimento em algumas regiões.

Diante da falta de atendimento básico, as pessoas precisam recorrer ao Poder Judiciário para obter uma decisão judicial que obrigue o Estado a fornecer o atendimento apropriado:

> REMESSA NECESSÁRIA – Ação de obrigação de fazer- Pedido de condenação do Estado e do Município ao fornecimento de tratamentos específicos de fisioterapia, fonoaudiologia e terapia ocupacional em instituição médica específica – Acolhimento parcial – Enfermidade e necessidade dos tratamentos comprovadas através de laudo médico – Incapacidade financeira da família da autora de arcar com o custo do tratamento evidenciada – Responsabilidade dos réus pelo fornecimento dos tratamentos reconhecida – Autorização, contudo, para que os tratamentos sejam oferecidos em qualquer instituição médica, pública ou particular, a critério do Poder Público, desde que observados os métodos prescritos pelo médico assistente – Condenação dos réus ao pagamento de honorários advocatícios sucumbenciais – Manutenção – Valor, contudo, reduzido por apreciação equitativa – Remessa necessária parcialmente provida, nos termos do acórdão. (TJSP; Remessa Necessária Cível 100105460.2019.8.26.0505; Relator (a): Renato Genzani Filho; Órgão Julgador: Câmara Especial; Foro de Ribeirão Pires - 3ª Vara; Data do Julgamento: 03/07/2013; Data de Registro: 05/02/2020)

Assim, em casos de pacientes com TEA que necessitam de tratamento ou medicação prescritos pelo médico e não encontram atendimento prestado pelo Estado, é possível recorrer ao Poder Judiciário, protegendo, assim, o direito a uma existência digna.

No artigo 3º, inciso IV da lei em estudo, trata do direito dos autistas à previdência e assistência social, garantia já estabelecida pelo artigo 203, IV, da Constituição Federal de 1988 através do Benefício de Prestação Continuada (BPC), conforme leciona Oliveira, "o amparo social garantido para as pessoas com TEA que traz a Lei Berenice Piana abrange tanto o acesso aos programas de transferências de renda, políticas públicas setoriais, atividades culturais, lazer e ainda aos benefícios, sendo o mais comum o BPC – Benefício de Prestação Continuada."[134]

---

[134] OLIVEIRA, Andressa de. **Como Garantir o BPC (Benefício de Prestação Continuada) Para as Pessoas com Autismo - Do Administrativo ao Judicial - Teoria e Prática**. Juará Editora, 2023.

Sobre o assunto, Rodrigues e Osterne, sinalizam:

> O BPC é um benefício da Política de Assistência Social, que integra a Proteção Social Básica no âmbito do Sistema Único de Assistência Social – SUAS, e para acessá-lo não é necessário ter contribuído com a Previdência Social. Trata-se de um benefício individual, não vitalício e intransferível, que assegura a transferência mensal de 1 (um) salário mínimo ao idoso, com 65 (sessenta e cinco) anos ou mais, e à pessoa com deficiência, de qualquer idade, com impedimentos de longo prazo, de natureza física, mental, intelectual ou sensorial, os quais, em interação com diversas barreiras, podem obstruir sua participação, plena e efetiva, na sociedade, em igualdade de condições com as demais pessoas, devendo em ambos os casos, comprovar não possuir meios de garantir o próprio sustento, ou de tê-lo provido por sua família.[135]

Em suma, a pessoa com deficiência precisa atender aos seguintes requisitos para fazer jus ao BPC: comprovação de impedimentos duradouros de natureza física, mental, intelectual ou sensorial – desenhando, assim, uma deficiência; renda mensal *per capita* da família igual ou inferior a 1/4 do salário mínimo; a ausência de outros benefícios na Seguridade Social ou em outros regimes, com exceção da assistência médica e pensão especial de natureza indenizatória, além da inscrição do requerente e de sua família no CadÚnico.

Castro e Lazzari destacam a relevância das recentes mudanças na legislação:

> Quanto ao critério de renda mensal per capita, a Lei nº 14.176/2021 (conversão da MP nº 1.023/2020) estabeleceu que deve ser "igual ou inferior a 1/4 (um quarto) do salário--mínimo", autorizando por regulamento ampliar o limite de renda mensal familiar per capita previsto no § 3º do art. 20 da LOAS, "para até 1/2 (meio) salário-mínimo".
> O art. 20-B da LOAS (introduzido pela Lei nº 14.176/2021) trata da avaliação dos outros elementos probatórios da condição de miserabilidade e da situação de vulnerabilidade, e estabelece que serão considerados os seguintes aspectos para ampliação do critério de aferição da renda familiar mensal per capita, o qual irá ocorrer de forma gradativa em face das questões orçamentárias:

---

[135] RODRIGUES, A. S.; OSTERNE, M. do S. F. **Benefício de Prestação Continuada - BPC e Deficiência: um estudo sobre a relação de cuidado e dependência no âmbito das famílias dos beneficiários. Conhecer: debate entre o público e o privado**, [S. l.], v. 5, n. 13, p. 22–31, 2015. Disponível em: https://revistas.uece.br/index.php/revistaconhecer/article/view/1166. Acesso em: 16 de outubro. 2023, p. 25.

COMO INCLUIR OS AUTISTAS NO MERCADO DE TRABALHO

> I – o grau da deficiência, aferido por meio de instrumento de avaliação biopsicossocial; II – a dependência de terceiros para o desempenho de atividades básicas da vida diária; e III – o comprometimento do orçamento do núcleo familiar exclusivamente com gastos médicos, com tratamentos de saúde, com fraldas, com alimentos especiais e com medicamentos do idoso ou da pessoa com deficiência não disponibilizados gratuitamente pelo SUS, ou com serviços não prestados pelo Suas, desde que comprovadamente necessários à preservação da saúde e da vida.
> Aplicam-se à pessoa com deficiência os elementos constantes dos itens I e III e à pessoa idosa os constantes dos itens II e III[136].

O benefício começa a ser contabilizado a partir da data de submissão do pedido e é válido enquanto as circunstâncias que justificaram a concessão persistirem. Ainda que concedido por determinação judicial, seus efeitos devem retroagir à data de apresentação do requerimento administrativo, desde que seja claro, naquele momento, que o requerente já preenchia os requisitos necessários, conforme estabelecido na Súmula 22 da TNU: "se a avaliação pericial realizada em tribunal comprovar que a incapacidade já existia na data do requerimento administrativo, essa data é considerada como o ponto de partida para o benefício assistencial"[137].

Sobre o cancelamento do BPC, Agostinho nos ensina que:

> O benefício deve ser revisto a cada dois anos para avaliação da continuidade das condições que lhe deram origem.
> O término do pagamento do benefício ocorrerá nas seguintes hipóteses:
> - superação das condições que lhe deram origem;
> - morte do beneficiário;
> - falta de comparecimento do beneficiário portador (sic) de deficiência ao exame médico-pericial, por ocasião de revisão do benefício;
> - falta de apresentação pelo beneficiário da declaração de composição do grupo familiar por ocasião da revisão do benefício.
> O fim do benefício de prestação continuada concedido à pessoa com deficiência não impede nova concessão do benefício, desde que atendidos os requisitos definidos em

---

[136] CASTRO, Carlos Alberto Pereira de; LAZZARI, João Batista. **Manual de Direito Previdenciário**. 26. ed. Rio de Janeiro: Forense, 2023. p. 1306.

[137] AGOSTINHO, Theodoro. **Manual de Direito Previdenciário**. São Paulo: Saraiva Educação, 2020., p.528.

> regulamento (art. 21, § 4º, da LOAS). Tal benefício assisten-
> cial é intransferível e, portanto, não gera pensão por morte.
> No entanto, o valor do resíduo não recebido em vida pelo
> beneficiário será pago aos seus herdeiros ou sucessores, na
> forma da lei civil.[138]

A implementação do Benefício de Prestação Continuada (BPC) para pessoas dentro do espectro autista, regido pela Lei Berenice Piana, emerge como um avanço na proteção social desses indivíduos. O suporte financeiro garantido pelo BPC e a legislação inclusiva, reforça a importância da seguridade social para o bem-estar e a qualidade de vida dos autistas.

Ressalta-se que esse benefício não apenas proporciona assistência financeira, mas também reconhece as necessidades específicas dessa comunidade, fortalecendo os princípios de igualdade e dignidade preconizados pela Lei Berenice Piana.

A articulação entre o BPC destinado aos autistas e a abordagem abrangente da Lei Berenice Piana ilustra um compromisso sólido em oferecer apoio e acesso a recursos essenciais para essa população. Ao garantir o amparo financeiro e estabelecer diretrizes que visam à inclusão e à proteção dos direitos, essa legislação representa um avanço considerável na conscientização sobre as necessidades específicas dos autistas e na promoção de uma sociedade mais justa e inclusiva.

A Lei Berenice Piana também assegura e promove a integração das pessoas com Transtorno do Espectro Autista (TEA) no mercado de trabalho, sendo abrangidas pela Lei de Cotas. De acordo com a Relação Anual de Informações Sociais do Ministério do Trabalho, existem 9,3 milhões de pessoas com deficiência que se qualificam para preencher as vagas reservadas pela Lei de Cotas, em comparação com as 827 mil vagas disponíveis. Segundo dados do IBGE de 2020, estima-se que 85% dos adultos no espectro autista estão desempregados. A questão é alarmante e será tratada com mais afinco no próximo capítulo.

Nessa linha de raciocínio, é importante destacar que outras fontes normativas também têm um papel relevante na proteção dos direitos dos autistas. O conjunto dessas leis e resoluções representa pilares essenciais para garantir direitos fundamentais e promover uma sociedade mais inclusiva e acessível para esse grupo específico.

---

[138] *Ibid.*, p.529.

A Lei 8.742/93, conhecida como Lei Orgânica da Assistência Social (LOAS), é um exemplo. Por meio do Benefício da Prestação Continuada (BPC), essa legislação busca fornecer suporte financeiro a pessoas com deficiência, incluindo aquelas com TEA.

Outra medida crucial é a Lei 8.899/94, que concede a gratuidade no transporte interestadual às pessoas autistas que comprovem renda de até dois salários-mínimos, facilitando sua mobilidade e acesso a diferentes regiões.

Além disso, a Lei 10.098/00 estabelece normas de acessibilidade para pessoas com deficiência, enquanto a Lei 10.048/2000 prioriza o atendimento a esse grupo, garantindo agilidade e prioridade em diversas situações.

A Instrução Normativa SRF nº 375/03 oferece isenção de IPI para aquisição de veículos por pessoas com deficiência, incluindo autistas, visando facilitar sua locomoção e independência.

No âmbito educacional, a Lei 7.611/11 dispõe sobre a educação especial e o atendimento educacional especializado, assegurando uma educação inclusiva e de qualidade.

Ademais, medidas como a Resolução 280/2013 da ANAC garantem descontos em passagens aéreas para acompanhantes de passageiros com TEA, além de exigir assistência especial e acesso facilitado nos terminais aéreos.

Vale dizer, que essas e outras regulamentações, como a Lei 13.146/15, Decreto 8.537/15, Lei 13.370/16 e a Lei 14.626/23, têm sido pilares essenciais na promoção da inclusão e na garantia de direitos essenciais para as pessoas autistas Essas medidas abrangem desde o acesso a eventos culturais até o suporte no ambiente de trabalho e a implementação de medidas de acessibilidade em espaços públicos e privados.

3.3.3 A Lei Romeo Mion

A Lei 13.977/20, também conhecida como a "Lei Romeo Mion", em homenagem ao filho autista do apresentador Marcos Mion, instituiu a CIP-TEA, que é a sigla para Carteira de Identificação da Pessoa com Transtorno do Espectro Autista. Esta lei, de alcance nacional, promoveu alterações na Lei Berenice Piana, 12.176/2012.

O documento é responsável pela simplificação do acesso aos direitos dos autistas, além de viabilizar a formulação de políticas públicas. Indivíduos autistas têm direito a atendimento preferencial, por exemplo, dentre outras prestações, bastando apenas a apresentação da sua identificação pessoal - CIPTEA.

A emissão da carteira, realizada de maneira gratuita pelos órgãos estaduais, distritais e municipais, requer renovação a cada cinco anos, mantendo um número de identificação único, que permanece inalterado mesmo quando a carteira é renovada.[139]

É compreensível que a atualização dos dados cadastrais da família seja necessária para a coleta estatística sobre o crescimento do transtorno no Brasil. Contudo, a imposição de uma validade obrigatória de cinco anos para a carteira não parece justificada, dado que a condição do autista não muda ou desaparece nesse período. Para imigrantes com visto temporário, refugiados ou situações similares, a identificação será feita por meio de uma identidade de estrangeiro ou registro migratório.[140]

Farah, sobre a CIPTEA, nos orienta que:

> Os órgãos que executam a Política Nacional de Proteção dos Direitos da Pessoa com Transtorno do Espectro Autista serão os responsáveis pela expedição do documento, de maneira gratuita, que, para ser emitido necessita de um relatório médico atestando a condição do autismo e indicando o código de Classificação Internacional de Doenças (CID), assim como o requerimento devidamente preenchido constando os dados pessoais incluindo o Registro Geral (RG), o Cadastro da Pessoa Física (CPF), podendo ser incluído o fator RH (tipo sanguíneo), além dos dados postais.
> Constará ainda uma foto 3x4 e a assinatura ou impressão digital do autista, caso não seja alfabetizado. É necessário que estejam cadastrados e registrados no documento os dados pessoais e contato do pai, da mãe ou responsável legal do autista.[141]

Destaca-se, oportunamente, a evidente infantilização presente no Transtorno do Espectro Autista ao exigir, como mencionado anteriormente, o nome de um cuidador ou responsável para a solicitação da CIPTEA. Considerando que o Estatuto da Pessoa com Deficiência prevê a capacidade plena da pessoa com deficiência (PcD), não parece fazer sentido essa obrigação cadastral. Isso apenas contribui para constranger e estigmatizar ainda mais os autistas adultos que são independentes e legalmente capazes, ferindo assim sua dignidade.

---

[139] São Paulo (Câmara Municipal). **Manual dos Direitos da Pessoa com Autismo**. São Paulo, 2021. Disponível em: https://www.saopaulo.sp.leg.br/escoladoparlamento/wp-content/uploads/sites/5/2021/11/Manual-dos--Direitos-da-Pessoa-com-Autismo.pdf. Acesso em: 30de outubro de 2023.

[140] FARAH, Fabiana. **Autismo: os direitos – a realidade**. Rio de Janeiro: Lumen Juris, p.111.

[141] *Ibid*,p. 110-111.

É relevante enfatizar que dois dispositivos da Lei Romeo Mion foram alvo de veto. O primeiro desses vetos diz respeito à obrigação imposta aos cinemas de dedicarem uma sessão por mês para pessoas com TEA. Conforme estabelecido no projeto aprovado pelos legisladores, as referidas sessões de cinema deveriam prover "os recursos de acessibilidade necessários". Outra cláusula que foi rejeitada propõe que o presidente da República, governadores e prefeitos tenham 180 dias para regulamentar a Lei Romeo Mion. Segundo o Palácio do Planalto, essa disposição "contraria o princípio da separação dos poderes".[142]

A relação entre a CIPTEA e a acessibilidade está ligada ao aspecto da identificação clara e rápida das pessoas diagnosticadas com Transtorno do Espectro Autista (TEA). Reforça-se que essa carteira funciona como um mecanismo de facilitação, permitindo que os indivíduos com TEA tenham acesso prioritário e integral a serviços públicos e privados.

Marcos Mion, destacado defensor da inclusão e embaixador da causa, teve um papel significativo na conscientização sobre a importância da acessibilidade e inclusão das pessoas autistas na sociedade. Seu comprometimento pessoal ampliou o debate sobre a necessidade de assegurar igualdade de oportunidades e direitos para todos, independentemente de suas limitações físicas, sensoriais ou cognitivas.

Nesse sentido, a CIPTEA contribui para a acessibilidade, pois ajuda a criar um ambiente mais inclusivo ao garantir que os autistas recebam atenção adequada, serviços específicos e suporte necessário em diferentes esferas da vida, desde a saúde até a educação e outros serviços sociais. A identificação facilita a interação das pessoas do espectro autista com a sociedade, contribuindo para promover a acessibilidade em diversos aspectos de suas vidas.

---

[142] Senado Federal. **Lei Romeo Mion cria carteira para pessoas com transtorno do espectro autista.** 09/01/2020. Disponível em: https://www12.senado.leg.br/noticias/materias/2020/01/09/lei-romeo-mion--cria-carteira-para-pessoas-com-transtorno-do-espectro-autista. Acesso em: 30/10/2023.

4

A INCLUSÃO DOS AUTISTAS NO MERCADO DE TRABALHO

4.1 TRABALHO DECENTE, PESSOA COM DEFICIÊNCIA E OS ODS 3 E ODS8

No total, são 17 Objetivos de Desenvolvimento Sustentável (ODS). Cada um deles está presente na Agenda 2030 para o Desenvolvimento Sustentável e são adotados pelos 193 países membros da Organização das Nações Unidas (ONU).

Na formulação dos Objetivos de Desenvolvimento Sustentável para 2030, a ONU impulsionou várias negociações globais em 2013, resultando no lançamento dos objetivos em 2015.

Os Objetivos de Desenvolvimento Sustentável, também conhecidos como Objetivos Globais, representam um chamado global à ação para combater a pobreza, proteger o meio ambiente e garantir paz e prosperidade para todas as pessoas. Inspirados no sucesso dos Objetivos de Desenvolvimento do Milênio (ODM), esses 17 objetivos estão interligados, o que significa que o progresso em um deles está diretamente ligado à solução de questões abordadas pelos outros objetivos. É crucial não concentrar esforços exclusivamente no sucesso de um objetivo de forma isolada.

> Os Objetivos de Desenvolvimento Sustentável (ODS) e suas metas são globais em sua natureza e universalmente aplicáveis, levando em conta diferentes realidades nacionais, capacidades e níveis de desenvolvimento, respeitando políticas e prioridades nacionais. Os ODS são o resultado de um processo transparente, inclusivo e participativo, que durou três anos, envolvendo todas as partes interessadas.
>
> Eles representam um acordo sem precedentes em torno das prioridades de desenvolvimento sustentável entre os 193 Estados-membros da ONU. Eles têm recebido apoio global de sociedade civil, setor privado, parlamentares e outros atores engajados na agenda de desenvolvimento sustentável.

A decisão de se lançar um processo para a definição de um conjunto de ODS foi feita pelos Estados-membros das Nações Unidas na Conferência de Desenvolvimento Sustentável (Rio+20), realizada na cidade do Rio de Janeiro em junho de 2012.

Os ODS entraram em vigor em 1º de janeiro de 2016 e espera-se que suas metas sejam cumpridas até 31 de dezembro de 2030. Entretanto, há a expectativa de que algumas metas, baseadas em acordos internacionais, cumpram-se antes do prazo estabelecido.[143]

Figura 4 – Os Objetivos de Desenvolvimento Sustentável da ONU: Agenda 2030

Fonte: ONU Brasil

A Agenda 2030 apresenta como oitavo objetivo:

> "promover crescimento econômico, inclusivo e sustentável, o emprego pleno e produtivo e o trabalho decente para todos". Entre as metas propostas para tal objetivo, destaca-se buscar, até 2030, "o emprego pleno e produtivo e o trabalho decente para todos os homens e mulheres, inclusive os jovens e as pessoas com deficiência, e a igualdade de remuneração pelo trabalho de igual valor"[144]

---

[143] UNODC Brasil. ODS 8: **Sobre trabalho decente e crescimento econômico - um dos objetivos do mês em maio**. Maio/2019. Disponível em: https://www.unodc.org/lpo-brazil/pt/frontpage/2019/05/ods-8--sobre--trabalho-decente-e-crescimento-econmico---um-dos-objetivos-do-ms-em-maio.html. Acesso em: 18/10/2023.

[144] VIEIRA, Igor Laguna et al. **As condições de trabalho no contexto dos Objetivos do Desenvolvimento Sustentável: os desafios da Agenda 2030. O Social em Questão**, Ano XXIII, nº 48, p. 317-338, Set a Dez/2020.

Assim, fica claro que o trabalho decente para indivíduos com deficiência não apenas favorece o crescimento econômico e a redução das desigualdades sociais - ponto de encontro, inclusive, com o ODS 1 que destaca a erradicação da pobreza, mas também assegura a plena participação na cidadania e a fruição dos direitos humanos.

Além disso, é essencial ressaltar a igualdade de gênero e idade, garantindo que essas metas e objetivos sejam alcançados por mulheres, jovens e pessoas com deficiência, o que contribui para a construção de um ambiente de trabalho mais inclusivo.

Sobre a importância do trabalho na vida humana, é salutar dizer que "a concepção de trabalho como fundador da sociabilidade humana implica o reconhecimento de que as relações sociais construídas pela humanidade, desde as mais antigas, sempre se assentaram no trabalho como fundamento da reprodução da própria vida."[145]

Em se tratando do trabalho decente:

> A Organização Internacional do Trabalho (OIT), durante a Reunião de 1999, apresentou oficialmente o termo "trabalho decente", ou digno, identificando um conjunto de propriedades que deveriam caracterizar uma relação de trabalho de qualidade (OIT, 1999). Desde então, a promoção do trabalho decente norteia as ações desta organização internacional. No Brasil este tema orientou as políticas de geração de emprego de qualidade, com oportunidades iguais, de erradicação do trabalho infantil e do trabalho escravo, e estimulou o diálogo social.[146]

De acordo com a OIT, o trabalho decente:

> O trabalho decente é o ponto de convergência dos quatro objetivos estratégicos da OIT:
> 1. o respeito aos direitos no trabalho, especialmente aqueles definidos como fundamentais (liberdade sindical, direito de negociação coletiva, eliminação de todas as formas de discriminação em matéria de emprego e ocupação e erradicação de todas as formas de trabalho forçado e trabalho infantil);
> 2. a promoção do emprego produtivo e de qualidade;

---

[145] GRANEMANN, Sara. **O processo de produção e reprodução social: trabalho e sociabilidade In: Serviço Social: direitos sociais e competências profissionais**. Brasília: CFESS/ABEPSS,2009, p. 225.

[146] LIXANDRÃO, L.; BRANCHI, B. A. **O trabalho decente entre crescimento econômico e desenvolvimento sustentável**. Revista Hipótese, Bauru, v. 7, p. e021018, 2020. DOI: 10.47519/eiaerh.v7.2021.ID27. Disponível em: https://revistahipotese.editoraiberoamericana.com/revista/article/view/27, p. 322.

3. a ampliação da proteção social;
4. e o fortalecimento do diálogo social.[147]

Brito Filho traça o conceito de trabalho decente como "um conjunto mínimo de direitos do trabalhador que corresponde: à existência de trabalho; à liberdade de trabalho; à igualdade no trabalho; ao trabalho com condições justas, incluindo a remuneração, e que preservem sua saúde e segurança; à proibição do trabalho infantil; à liberdade sindical; e à proteção contra os riscos sociais".[148]

Sobre o tema, Gosdal nos ensina que "[...] trabalho decente está voltado à promoção do progresso social, à redução da pobreza e a um desenvolvimento equitativo e integrador [...]." [149]

O ODS 8 está focado na promoção do Trabalho Decente e no estímulo ao Crescimento Econômico, visando garantir empregos plenos e produtivos. Esse objetivo inclui um conjunto de doze metas a serem alcançadas até 2030, que abrangem desde o crescimento econômico per capita até o Produto Interno Bruto (PIB) de nações em desenvolvimento, com ênfase na utilização sustentável dos recursos globais.

O trabalho deve ser o meio através do qual a inclusão social é alcançada; em outras palavras, a integração de mulheres, idosos e pessoas com deficiência deve ser promovida, evitando sua exclusão do mercado de trabalho.[150]

Nesse sentido, caminha uma das metas do ODS 8: "Até 2030, alcançar o emprego pleno e produtivo e trabalho decente para todas as mulheres e homens, inclusive para os jovens e as pessoas com deficiência, e remuneração igual para trabalho de igual valor."[151]

Com foco nesse assunto, em 2003, o Brasil comprometeu-se a promover o trabalho decente ao assinar o Memorando de Entendimento com a Organização Internacional do Trabalho (OIT) para estabelecer um Programa Especial de Cooperação Técnica. Em 2006, foi desenvolvida a Agenda Nacional do Trabalho Decente, que:

---

[147] Organização Internacional do Trabalho (OIT). (s.d.). **Trabalho Decente**. Recuperado de https://www.ilo.org/brasilia/temas/trabalho-decente/lang--pt/index.htm. Acesso em 17 de outubro de 2023.

[148] BRITO FILHO, José Cláudio Monteiro de. Trabalho decente. **Análise jurídica da exploração do trabalho – trabalho forçado e outras formas de trabalho indigno**. São Paulo: LTr, 2004, p. 61.

[149] GOSDAL, Thereza Cristina. **Dignidade do trabalhador: um conceito construído sob o paradigma do trabalho decente e da honra**. São Paulo: LTr, 2007, p. 130.

[150] Gozdecki, Vinícius. (2018). **O Trabalho Decente Como Paradigma Transformador Para o Século XXI À Luz Da Constituição Federal e Das Convenções Internacionais**. Revista do Tribunal Regional do Trabalho da 3ª Região, 64(98), 245-276.

[151] UNODC (United Nations Office on Drugs and Crime). (2019). Objetivo 8: **Trabalho Decente e Crescimento Econômico**. Disponível em: https://www.unodc.org/lpo-brazil/pt/frontpage/2019/05/ods-8--sobre-trabalho--decente-e-crescimento-econmico---um-dos-objetivos-do-ms-em-maio.html. Acesso em 17 de outubro de 2023.

estabelece através do Memorando de Entendimento quatro áreas prioritárias dentre elas destacamos a "viabilização e ampliação do sistema de seguridade social" (BRASIL, 2006, p. 08), por relacionar-se diretamente com as políticas de seguridade social em especial destacamos a previdência social, onde está inserido o Programa de Reabilitação Profissional, inclusive o Ministério da Previdência Social faz parte do Comitê Executivo da Agenda, em 2010 é lançado o Plano Nacional de Emprego e Trabalho Decente, o plano estabelece três prioridades: Prioridade 1: gerar mais e melhores empregos, com igualdade de oportunidades e de tratamento; Prioridade 2: erradicar o trabalho escravo e eliminar o trabalho infantil, em especial em suas piores formas; Prioridade 3: fortalecer os atores tripartites e o diálogo social como instrumento de governabilidade democrática.[152]

Outra meta do ODS 8 que merece destaque é: "Até 2020, reduzir substancialmente a proporção de jovens sem emprego, educação ou formação."[153]

Figura 5 – Distribuição do Acesso ao Ensino Superior por Idade para Pessoas com Deficiência

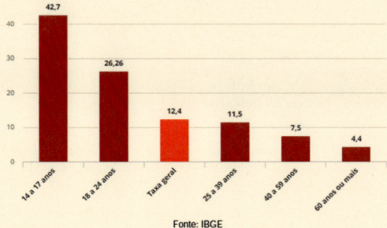

Fonte: IBGE

Fonte: https://g1.globo.com/mato-grosso-do-sul/noticia/2016/06/cresce-o-acesso-da-pessoa-com-deficiencia-ao-ensino-superior-no-pais.html

---

[152] TAVARES, Carliana Carvalho Fonteles et al. **Desenvolvimento Sustentável, Trabalho Decente e a Reabilitação Profissional: Elementos para um Debate**. In: Anais - Eixo 8. Desafios e Dimensões Contemporâneas do Desenvolvimento e Políticas Públicas, VII Jornada Internacional UFMA.

[153] UNODC (United Nations Office on Drugs and Crime). (2019). **Objetivo 8: Trabalho Decente e Crescimento Econômico**. Disponível em: https://www.unodc.org/lpo-brazil/pt/frontpage/2019/05/ods-8--sobre-trabalho--decente-e-crescimento-econmico---um-dos-objetivos-do-ms-em-maio.html. Acesso em 17 de outubro de 2023

O percentual de autistas fora do mercado de trabalho, em especial, é ainda mais alarmante:

> Apesar de a inserção de autistas no ambiente corporativo ser garantida pela lei de cotas, que determina a participação mínima para quem possui qualquer deficiência, poucas pessoas do espectro de fato estão empregadas. O preconceito e a falta de assistência e de suporte para essa comunidade são algumas das razões para isso. Pesquisa do Instituto Brasileiro de Geografia e Estatística (IBGE) detectou que 85% dos profissionais autistas estão fora do mercado de trabalho, dado que revela um longo caminho a ser percorrido para alcançar a inclusão.[154]

Como elemento norteador extremamente importante do assunto ora tela, temos a Declaração de Filadélfia, adotada pela OIT, vejamos:

> Em 1944, a OIT adotou a Declaração de Filadélfia, que até hoje constitui a carta de princípios e objetivos da Organização, servindo posteriormente como referência para a adoção da Carta das Nações Unidas (1946) e da Declaração Universal dos Direitos Humanos (1948). A Declaração de Filadélfia afirma a importância da justiça social, estabelecendo quatro ideias fundamentais: o trabalho deve ser fonte de dignidade; o trabalho não é uma mercadoria; a pobreza é uma ameaça à prosperidade de todos; e todos os seres humanos têm o direito de perseguir o seu bem-estar material em condições de liberdade e dignidade, segurança econômica e igualdade de oportunidades (OIT, 2019a).[155]

O princípio da dignidade da pessoa humana é o fundamento basilar da Constituição Federal de 1988, estando à frente dos "valores sociais do trabalho e da livre iniciativa":

> Na análise de Oliveira e Beltrão (2017), o fato de a dignidade da pessoa humana anteceder, como princípio fundamental constitucional, o valor social do trabalho e da livre iniciativa leva à conclusão de que a proibição de trato desumano e degradante se estendem às relações trabalhistas, assumindo que aquele valor constitucional não pode ser sacrificado em nome deste. Ao contrário, ambos princípios devem se conjugar a fim de concretizar a dignidade do trabalhador.[156]

---

[154] REZENDE, Jáder Costa, Lara. **Autistas relatam dificuldade de inserção no mercado de trabalho.** Correio Braziliense, 2023. Disponível em: <https://www.correiobraziliense.com.br/euestudante/trabalho-e-formacao/2023/06/5103584-autistas-relatam-dificuldade-de-insercao-no-mercado-de-trabalho.html>. Acesso em: (data de acesso).

[155] VIEIRA, Igor Laguna et al. **As condições de trabalho no contexto dos Objetivos do Desenvolvimento Sustentável: os desafios da Agenda 2030**. O Social em Questão, Ano XXIII, nº 48, Set a Dez/2020.

[156] *Ibid.*

Com o intuito de garantirmos a dignidade, é crucial que prestemos atenção à saúde dos trabalhadores. É inegável que um trabalho decente proporciona uma vida de qualidade para quem o desempenha. Diante do exposto, é válido ressaltar a importância do ODS-3, que busca garantir uma vida saudável e promover o bem-estar para todas as pessoas, independentemente da condição.

Sivieri, durante uma reunião da Organização Mundial de Saúde (OMS), nos conceituou saúde:

> O estado de completo bem-estar físico, mental e social e não somente a ausência de afecções ou enfermidades, é um direito humano fundamental. Alcançar o mais alto grau possível de saúde é um objetivo social extremamente importante em todo o mundo, cuja realização exige a intervenção de muitos outros setores sociais e econômicos, além daqueles da saúde[157]

A relação entre o Objetivo de Desenvolvimento Sustentável (ODS) 3 da ONU, focado em Saúde e Bem-Estar e a inclusão da pessoa com deficiência, como os autistas, é essencial para promover uma sociedade mais equitativa e inclusiva. O ODS 3 prioriza a saúde física e mental de todas as pessoas, não importando a idade ou condição. Para a inclusão efetiva da pessoa com deficiência, garantir acesso igualitário a serviços de saúde é fundamental.

Ambientes de trabalho inclusivos não apenas promovem a saúde mental, reduzindo estresse e estigmatização, mas também garantem a participação plena e produtiva desses indivíduos. A interconexão entre o ODS 3 e a inclusão da pessoa com deficiência destaca, ainda, a importância de criar ambientes que considerem as necessidades específicas de cada indivíduo, promovendo uma sociedade mais justa e saudável para todos.

Infelizmente, sem as adaptações necessárias, o trabalhador autista não conseguirá alcançar de fato a dignidade. A realidade demonstra um cenário onde trabalhadores autistas enfrentam crises sensoriais ou emocionais, sofrem com problemas de saúde debilitantes e frequentemente carecem de apoio adequado no ambiente de trabalho.

A questão da empregabilidade para pessoas com deficiência não se limita apenas ao aspecto laboral, abarcando também uma luta por igualdade de oportunidades e acesso a trabalhos condizentes com suas habilidades.

---

[157] SIVIERI, Luiz Humberto. **Saúde no trabalho e mapeamento dos riscos**. In: TODESCHINI, R. (Org.). Saúde, meio ambiente e condições de trabalho: conteúdos básicos para uma ação sindical. São Paulo: CUT / Fundacentro, 1995. p.75-111.

Ao considerarmos as metas do ODS-8, por exemplo, é importante extrair estratégias que possibilitem a inclusão efetiva desses indivíduos no mercado de trabalho, criando ambientes laborais mais acessíveis e acolhedores.

A promoção do trabalho decente para pessoas com deficiência exige a implementação de políticas inclusivas, o estabelecimento de ambientes de trabalho adaptados e a sensibilização da sociedade em relação às capacidades e contribuições desses profissionais. Isso não apenas atende às metas do ODS-8, mas também enriquece a força de trabalho ao reconhecer e valorizar a diversidade.

É imperioso que os esforços sejam orientados para proporcionar condições equitativas de emprego, garantindo que pessoas com deficiência tenham acesso a oportunidades de crescimento profissional e sejam tratadas com igualdade e respeito no local de trabalho. Ao integrar essa perspectiva ao ODS-8, podemos avançar na construção de uma sociedade mais inclusiva.

Em última análise, a busca por um trabalho digno e justo para pessoas com deficiência é, além de um imperativo moral, uma necessidade para o progresso social e econômico. Ao alinhar os esforços globais com os objetivos do ODS-8, podemos aspirar a um futuro no qual a igualdade de oportunidades no local de trabalho seja uma realidade tangível, onde cada indivíduo, independentemente de suas habilidades ou limitações, seja respeitado, valorizado e plenamente integrado em nossa sociedade.

A busca por empregos decentes que propiciem uma boa saúde ao trabalhador, seja ele pessoa com deficiência ou não, envolve diversas políticas públicas com o propósito também de diminuir a pobreza, reduzir as desigualdades sociais e alavancar o desenvolvimento sustentável.

4.2 O DIREITO AO TRABALHO E A IMPORTÂNCIA PARA CONSTRUÇÃO DA IDENTIDADE DO TRABALHADOR

Na língua portuguesa, a palavra "trabalho" tem sua origem no latim "tripalium", que se referia a um instrumento composto por três paus afiados, frequentemente equipado com pontas de ferro, utilizado pelos agricultores para bater o trigo e as espigas de milho a fim de desmembrá-los[158].

Em uma sociedade capitalista, o trabalho é fundamentalmente percebido como uma oportunidade de participação no ciclo de produção e consumo. Portanto, o indivíduo é esperado a desempenhar um papel de

---

[158] ALBORNOZ, Suzana. **O Que é Trabalho**. São Paulo: Brasiliense, 1986,

produtor e consumidor, arcando com obrigações fiscais relacionadas tanto ao seu trabalho quanto aos bens adquiridos, a fim de ser reconhecido como um cidadão. Mais do que meramente "ser", ele é incentivado a "fazer", e mais do que simplesmente "ser", ele é estimulado a "ter".[159]

No entanto, a visão do trabalho para muitos grupos é a figura de algo duro, penoso, sinônimo de sofrimento. Essa ideia remete à tradição judaica conforme nos Albornoz nos ensina que "(...) na tradição judaica o trabalho também é encarado como uma labuta penosa, à qual o homem está condenado pelo pecado. A Bíblia o apresenta como castigo, um meio de expiação do pecado original. Por haverem perdido a inocência original do paraíso, Adão é condenado a ganhar o seu pão com o suor de seu rosto, assim como Eva é condenada às dores do parto"[160]

A produção dos recursos materiais essenciais à vida é uma prática historicamente arraigada, desempenhando um papel essencial na existência da humanidade, seja nos tempos atuais ou ao longo de milênios. Trata-se de uma responsabilidade cotidiana ininterrupta, vital para assegurar a sobrevivência da espécie humana.[161]

Ainda sobre o assunto, Vash:

> (...) o trabalho é um veículo para a aquisição de recompensas externas socialmente veneradas, tais como dinheiro, prestígio e poder, bem como de recompensas internas associadas com a auto-estima, pertinência e auto-realização. O desemprego gera ausência de poder sócio-político e econômico, e a ausência de poder é a base do desamparo aprendido – uma forma de depressão.[162]

Leite, explica sobre a importância do direito ao trabalho ao citar Godinho Delgado que leciona ser inconcebível a configuração e o funcionamento prático de um verdadeiro Estado Democrático de Direito sem a existência de um direito ao trabalho de significativa importância na estrutura jurídica e na vivência cotidiana dos respectivos Estados e sociedade civil.[163]

De acordo com Godinho Delgado:

---

[159] AMARAL, Lígia Assumpção. **Mercado de Trabalho e Deficiência**. Revista Brasileira de Educação Especial, 1994 p. 131.

[160] ALBORNOZ, Suzana. **O Que é Trabalho**. São Paulo: Brasiliense, 1986, p. 51.

[161] MARX, Karl; ENGELS, Friedrich. **A Ideologia Alemã**. São Paulo: Boitempo, 2007. p. 39.

[162] VASH, Carolyn. **Enfrentando a deficiência: a manifestação, a psicologia, a reabilitação**. São Paulo: EDUSP: Pioneira, 1988, p. 105.

[163] LEITE, Fernanda Menezes. **Inclusão da pessoa com deficiência no mercado de trabalho: desafios à efetivação do direito fundamental ao trabalho**. Dissertação de Mestrado - Universidade de São Paulo (USP), 2018.

> Grande parte das noções afirmativas de democratiza-ção da sociedade civil (e, em certa medida, também do Estado), garantia da dignidade da pessoa humana na vida social, garantia da prevalência dos direitos fundamentais da pessoa humana no plano da sociedade, subordinação da propriedade à sua função social, garantia da valoriza-ção do trabalho na atividade econômica e do primado do trabalho e especialmente do emprego na ordem social, desmercantilização de bens e valores cardeais na vida eco-nômica e justiça social, em suma, grande parte das noções essenciais da matriz do Estado Democrático de Direito estão asseguradas, na essência, por um amplo, eficiente e incisivo direito do trabalho disseminado na economia e sociedade correspondentes.[164]

Villatore, Cochran, Campagnoli, dentro desse recorte, nos ensinam que:

> O direito ao trabalho, enquanto direito fundamental social visa à concretização da igualdade social, entrelaçando-se vigorosamente com o princípio da dignidade humana – princípio que está intrinsecamente ligado à generaliza-ção do Direito do Trabalho. Isso significa que o trabalho garante segurança e respeito ao ser humano, pois este se torna capaz de se afirmar e realizar plenamente enquanto ser social.[165]

Nessa esteira, o direito ao trabalho não se limita apenas à atividade laboral, mas sim ao trabalho digno, caracterizado pela realização em um ambiente que promova liberdade, igualdade e segurança, oferecendo uma remuneração adequada para assegurar uma vida digna aos trabalhadores e suas famílias. Novamente, destaca-se a importância da dignidade, um atributo central nos direitos humanos e, mais especificamente, no conceito de trabalho decente. Isso reforça a necessidade de políticas estatais diversi-ficadas, coordenadas, contínuas, abrangentes e prioritárias para promover essa condição.

---

[164] DELGADO, Mauricio Godinho. **Democracia, Estado Democrático de Direito, Constituição Federal de 1988 e Direito do Trabalho no Brasil**. Centro Universitário do Distrito Federal – UDF. Texto Bibliográfico III. Disponível em: <http://www.udf.edu.br/wpcontent/uploads/2016/01/Texto-Bibliogr%C3%A1fico-III-Maur%C3%ADcio-GodinhoDELGADO.pdf>. Acesso em: 27 mai. 2018. *apud* LEITE, Fernanda Menezes. Inclusão da pessoa com deficiência no mercado de trabalho: desafios à efetivação do direito fundamental ao trabalho. Dissertação de Mestrado - Universidade de São Paulo (USP), 2018.

[165] VILLATORE, Marco Antônio César; COCHRAN, Augustus Bonner; CAMPAGNOLI, Adriana de Fátima Pilatti Ferreira. **O direito ao trabalho da pessoa com deficiência: perspectivas de liberdade e de igualdade.** Justiça do Direito, v. 32, n. 2, p. 420-447, maio/ago. 2018.

Vale dizer, ainda, que a construção da identidade pessoal está intrinsecamente ligada ao trabalho. Porém, a atividade laboral deve ter um significado para o indivíduo, não se restringindo à execução de "tarefas" mecânicas e destituídas de propósito.[166]

Drummond, para elucidar a questão mencionada, ressaltou uma entrevista conduzida por dois jornalistas europeus, Cécile Pasche e Peter Strecheisen, com o psiquiatra e psicanalista francês Christophe Dejours, especialista em medicina do trabalho. Na entrevista, foi levantada a seguinte pergunta: "o 'fim do trabalho' seria realmente uma boa notícia? O trabalho se reduz apenas a sofrimento e alienação? Para muitos, o trabalho também representa uma atividade profissional que proporciona autoconfiança e a construção de uma identidade...".

Cristophe Dejours ponderou sobre essa questão, reconhecendo que "é crucial, pois por trás de cada crise, de cada problema de saúde mental relacionado ao trabalho, existe uma crise de identidade. Para muitos de nós", disse ele, "o trabalho oferece uma segunda oportunidade para obter ou fortalecer a identidade e ganhar um pouco mais de confiança pessoal".[167]

Campos nos instrui sobre o trabalho, esclarecendo que não é uma obrigação, afirmando que:

> O direito ao trabalho é, essencialmente, o de estarem ocupados, caso os trabalhadores possam, desejem e/ou necessitem. Como é óbvio, não se trata de dever a ser imposto aos cidadãos, como ocorre em diversas concepções de workfare, em que o trabalho é compreendido como mecanismo de disciplina e controle. Ao contrário, trata-se de direito que pode ser usufruído pelos cidadãos – caso possam, desejem e/ou necessitem –, sendo que o dever correspondente (de ofertar oportunidades de trabalho) cabe somente ao Estado.[168]

Lembrando que ao incluir uma pessoa com deficiência no ambiente de trabalho, é esse essencial realizar ajustes e modificações necessárias e apropriadas para cada situação, desde que não representem um ônus desproporcional ou injustificado. Em linhas gerais, essas adaptações devem garantir que as pessoas com deficiência possam usufruir dos mesmos direitos humanos e liberdades fundamentais em igualdade de oportunidades com as demais.

---

[166] DRUMOND, Valeria Abritta Teixeira. **O papel do trabalho na construção da identidade do trabalhador**. Disponível em: https://revistas.newtonpaiva.br/redcunp/wp-content/uploads/2020/05/PDF-D2-11.pdf. Acesso em: 06 Abr 2017.

[167] *Ibid.*

[168] CAMPOS, André Gambier. **Direito ao trabalho: considerações gerais e preliminares**. Brasília, março de 2011. Instituto de Pesquisa Econômica Aplicada.

Ter um trabalho vai muito além de simplesmente possuir um emprego; é sair de casa carregando o emblema de um cidadão ativo na sociedade. Além disso, é fundamental para a saúde física e mental sentir-se útil e digno de respeito pela contribuição oferecida por meio de alguma ocupação. Esse sentimento de satisfação e felicidade proveniente da capacidade de sustentar a si próprio é compartilhado pela maioria das pessoas e não é diferente para aqueles que têm alguma deficiência.

4.2.1 Pessoa com deficiência e o mercado de trabalho

No Brasil, segundo o Instituto Brasileiro de Geografia e Estatística (IBGE-2010), 45.606.048 brasileiros, o que representa 23,9% da população total, possuem algum tipo de deficiência, abrangendo deficiências visual, auditiva, motora, mental ou intelectual.

A Convenção da ONU, como já vimos no nosso estudo, traz um grande avanço no conceito de deficiência, que passa a ser definida como "[...] deficiência física, mental, intelectual ou sensorial de longo prazo, as quais, em interação com diversas barreiras, podem impedir à sua participação plena, eficaz e igualitária na sociedade".

O acréscimo da deficiência de ordem sensorial é de extrema importância para pauta autista. Os autistas têm deficiência neurológica e sensorial, no entanto, a maioria desconhece essa informação, insistindo em enquadrar tal categoria, erroneamente, dentro da deficiência mental.

Ainda sobre os números que envolvem a pessoa com deficiência:

> Os dados da PNAD mostram também que as pessoas com deficiência estão menos inseridas no mercado de trabalho, nas escolas – e, por consequência, tem acesso a renda mais dificultado. Segundo o levantamento, a taxa de analfabetismo para pessoas com deficiência foi de 19,5%, enquanto para as pessoas sem deficiência foi de 4,1%. A maior parte das pessoas de 25 anos ou mais com deficiência não completaram a educação básica: 63,3% eram sem instrução ou com o fundamental incompleto e 11,1% tinham o ensino fundamental completo ou médio incompleto. Para as pessoas sem deficiência, esses percentuais foram, respectivamente, de 29,9% e 12,8%. Enquanto apenas 25,6% das pessoas com deficiência tinham concluído pelo menos o Ensino Médio, mais da metade das pessoas sem deficiência (57,3%) tinham esse nível de instrução. Já a

proporção de pessoas com nível superior foi de 7,0% para as pessoas com deficiência e 20,9% para os sem deficiência.[169]

No tocante ao mercado de trabalho das pessoas com deficiência, a pesquisa mencionada nos revela que:

> A pesquisa analisou ainda o perfil das pessoas com deficiência a partir dos principais indicadores de mercado de trabalho. Segundo o IBGE, 26,6% das pessoas com deficiência encontram espaço no mercado de trabalho. O nível de ocupação para o resto da população é de 60,7%. Cerca de 55% das pessoas com deficiência que trabalham estão em situação de informalidade. O rendimento médio real também diferente entre pessoas com deficiência e sem: para o primeiro grupo, a renda foi de R$ 1.860, enquanto o segundo chegou a R$ 2.690, uma diferença de 30%.[170]

A incorporação de um módulo dedicado às pessoas com deficiência nas estatísticas da PNAD Contínua foi resultado de um acordo formal entre a Secretaria Nacional dos Direitos da Pessoa com Deficiência e o Instituto Brasileiro de Geografia e Estatística (IBGE).

Figura 6 – Perfil da População com Deficiência no Brasil: Educação e Participação no Mercado de Trabalho

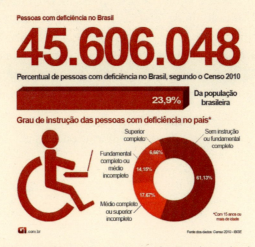

Fonte: https://g1.globo.com/mato-grosso-do-sul/noticia/2016/06/cresce-o-acesso-da--pessoa-com-deficiencia-ao-ensino-superior-no-pais.html

---

[169] **IBGE e MDHC. Brasil tem 18,6 milhões de pessoas com deficiência, indica pesquisa**. Disponível em: https://www.gov.br/mdh/pt-br/assuntos/noticias/2023/julho/brasil-tem-18-6-milhoes-de-pessoas-com-deficiencia-indica-pesquisa-divulgada-pelo-ibge-e-mdhc Acesso em 20/10/2023.

[170] *Ibid.*

Figura 7 – População com Deficiência no Brasil em porcentagem

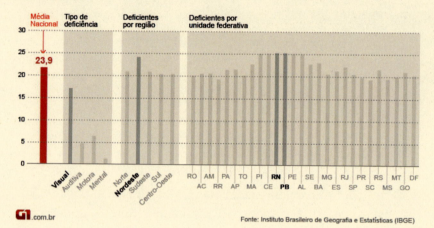

Fonte: https://g1.globo.com/brasil/noticia/2012/04/239-dos-brasileiros-declaram-ter-
-alguma-deficiencia-diz-ibge.html

O mercado de trabalho refere-se às oportunidades de trabalho ou emprego disponibilizadas pelas organizações em um determinado período ou local. A estabilidade desse mercado é influenciada pelo número de empresas presentes em uma região e pela demanda por serviços, o que resulta na abertura de vagas e na criação de oportunidades de emprego.[171]

Como reflexo de muitas lutas ao longo da história, a pessoa com deficiência conquistou o direito ao trabalho. Sobre o assunto:

> Atualmente no Brasil, como em outros países, felizmente, percebeu-se com o tempo que, as pessoas com deficiência poderiam estar socialmente integradas participando da vida educacional, laboral e cultural sem estarem restritas ao espaço familiar, hospitais ou as instituições especializadas. Esse é o reflexo da luta, iniciada nos anos 80, em defesa dos direitos das pessoas com deficiência e que reverbera nas legislações, nas políticas públicas e nas ações.[172]

---

[171] OLIVEIRA, Andressa Carvalho de; CAMARGO, Maria Emília Silveira. **"A INSERÇÃO DE PESSOA COM DEFICIÊNCIA NO MERCADO DE TRABALHO"**. Revista Científica Eletrônica de Ciências Sociais da Faculdade de Ciências Sociais Aplicadas de Itapeva, 18ª Edição, Maio de 2022.

[172] CORRENT, Nikolas. **Da antiguidade a contemporaneidade: a deficiência e suas concepções**. Revista Científica Semana Acadêmica. Fortaleza, ano MMXVI, Nº. 000089, 22/09/2016. Disponível em: https://semanaacademica.org.br/artigo/da-antiguidade-contemporaneidade-deficiencia-e-suas-concepcoes. Acesso em: 21 de outubro de 2023.

Apesar dos grandes avanços nas políticas públicas voltadas para pessoas com deficiência, a base da sociedade foi construída com muito preconceito e capacitismo. Não é raro encontrarmos pessoas ditas humanas com uma cabeça que insiste em menosprezar o diferente.

Diante do quadro, tem-se enfatizado a importância da inclusão como uma abordagem para combater o preconceito. O melhor a ser feito é educar a sociedade, visto que o preconceito muitas vezes nasce da ignorância. Com a inclusão, as pessoas têm a oportunidade de conviver com a diversidade, tornando-a parte da rotina e, assim, eliminando os estigmas. Vale lembrar, que esse convívio promove o respeito e o aprendizado, permitindo que todos possam se ajudar mutuamente.

Laraia ilustra que:

> Na ótica do trabalho, a sociedade inclusiva passa a tratar a pessoa com deficiência como cidadãos hábeis. Suas qualidades como profissional são valorizadas, respeitadas as limitações de suas deficiências. As pessoas com deficiência que foram favorecidas por políticas de assistência social apenas em função da deficiência passam a ter oportunidades reais de trabalho e independência, fora do âmbito da tutela das organizações assistenciais.[173]

Se houve progresso ao longo da história e em termos legais conforme mostrado no capítulo anterior, por que ainda temos resultados insatisfatórios no acesso ao emprego formal e uma baixa participação de pessoas com deficiência no mercado de trabalho? No tópico a seguir, trataremos dessa questão focando na realidade do adulto autista.

4.3 INCLUSÃO DO AUTISTA NO MERCADO DE TRABALHO

4.3.1 A "lei de Cotas" e inclusão

Conforme evidenciam os dados mais recentes da Organização Mundial da Saúde (OMS), estima-se que existam 70 milhões de pessoas autistas no mundo, com 2 milhões delas no Brasil. Dessas, como já destacado anteriormente, preocupantemente 85% estão excluídas do mercado de trabalho. Isso levanta a questão crucial: onde está a tão necessária e urgente inclusão?

Cumpre salientar, o conceito de Inclusão ensinado por Romeu Sassaki:

---

[173] LARAIA, Maria Ivone Fortunato. **A pessoa com deficiência e o direito ao trabalho**. 2009. 197 p. Dissertação (Mestrado em Direito) – Pontifícia Universidade Católica de São Paulo, São Paulo, 2009.

> O paradigma da inclusão social consiste em tornar a sociedade toda um lugar viável para a convivência entre pessoas de todos os tipos e condições na realização de seus direitos, necessidades e potencialidades. Neste sentido, os adeptos e defensores da inclusão estão trabalhando para mudar a sociedade, a estrutura dos seus sistemas sociais comuns, as suas atitudes, os seus produtos e bens, as suas tecnologias etc.
> Nessa esteira, o conceito de inclusão representa um avanço no âmbito dos direitos humanos contemporâneos, tanto em nível nacional quanto internacional, com o propósito de valorizar a diversidade humana. Inclusão implica no direito de cada ser humano participar ativamente da vida pública, independentemente de crença, religião, orientação política, etnia, orientação sexual ou grau de deficiência.[174]

A inclusão no mercado de trabalho, como política pública, apresenta características distintas e marcantes. Ela se manifesta nos contextos das empresas e das instituições públicas, envolvendo um amplo espectro de intervenientes, incluindo agentes governamentais, profissionais de instituições especializadas e organizações, especialistas em recursos humanos e gestores de empresas e instituições, além de familiares e as próprias pessoas com deficiência. Além disso, a efetiva inclusão no mercado de trabalho é influenciada por outras políticas correlacionadas, abrangendo áreas como a educação, o planejamento urbano, o transporte público, a saúde, a seguridade social e demais esferas governamentais.[175]

A chamada "Lei de Cotas", Lei 8.213/1991, é uma política pública destinada a assegurar a inclusão de grupos sociais que historicamente enfrentaram discriminação ou exclusão no que diz respeito à educação, emprego e representação política. Além disso, essa legislação desempenha importante papel no desenvolvimento econômico, cultural e democrático do país, ao ampliar o potencial humano e a participação da pessoa com deficiência no mercado de trabalho.

---

[174] SASSAKI, R.K. **Terminologia sobre deficiência na era da inclusão.** In: Revista Nacional de Reabilitação, São Paulo, ano V, n. 24, jan./fev. 2002, p. 6-9. In: VIVARTA, Veet (org.). Mídia e Deficiência. Brasília: Agência de Notícias dos Direitos da Infância / Fundação Banco do Brasil, 2003, p. 160-165.

[175] SIMONELLI, A. P.; JACKSON FILHO, J. M. **Análise da inclusão de pessoas com deficiência no trabalho após 25 anos da lei de cotas: uma revisão da literatura**/Analysis of the inclusion of people with disabilities at work after 25 years of the publication of Brazilian law of quotas: a literature review. **Cadernos Brasileiros de Terapia Ocupacional**, [S. l.], v. 25, n. 4, p. 855–867, 2017. DOI: 10.4322/2526-8910. ctoAR1078. Disponível em: https://www.cadernosdeto.ufscar.br/index.php/cadernos/article/view/1842. Acesso em: 21 de outubro de. 2023.

Destaca-se, contudo, que somente com a promulgação do Decreto nº 3.298/99, é que a lei foi finalmente regulamentada, um período de aproximadamente dez anos após a sua criação. Essa demora na tomada de medidas para efetivar a legislação se revela assustadora, dada a importância e urgência da inclusão.

O mencionado decreto define o conceito de pessoa com deficiência apta a ocupar as vagas reservadas e atribui ao Ministério do Trabalho e Emprego (MTE) a responsabilidade de fiscalizar, avaliar e controlar as empresas nesse contexto.

A supervisão nesse âmbito é conduzida pelos Auditores Fiscais do Trabalho, responsáveis por notificar e fiscalizar as empresas que têm a obrigação de cumprir a cota de contratação de pessoas com deficiência, de acordo com as exigências legais.

Ainda sobre a fiscalização, Leite nos explica que:

> Em relação aos procedimentos de fiscalização, o artigo 10 da Instrução Normativa nº 98 da Secretaria de Inspeção do Trabalho (2012) estabelece que o Auditor Fiscal do Trabalho deve verificar o cumprimento das cotas pelas empresas por meio da Relação Anual de Informações Sociais (RAIS) e do Cadastro Geral de Empregados e Desempregados (CAGED), exigindo a regularização caso identificado erro ou omissão quanto a essas informações.[176]

Compete ainda ao Auditor Fiscal do Trabalho verificar se, no processo de inclusão de pessoas com deficiência ou reabilitadas, a empresa realizou as devidas modificações nos postos de trabalho, na organização do trabalho e nas condições ambientais, de acordo com as necessidades dos trabalhadores. Isso envolve garantir a acessibilidade arquitetônica, efetuar adaptações específicas em mobiliários, máquinas e equipamentos, implementar dispositivos de segurança, utilizar tecnologias assistivas, fornecer ajudas técnicas, facilitar a comunicação, oferecer apoio e capacitação específica, entre outras medidas, com o objetivo de eliminar quaisquer barreiras que possam existir.

O art. 14, da Instrução Normativa nº 98 da Secretaria de Inspeção do Trabalho, nos diz que no caso de emissão de autos de infração devido à violação das regulamentações de proteção no trabalho para pessoas com deficiência ou reabilitadas, o Auditor Fiscal do Trabalho (AFT) deve:

---

[176] LEITE, Fernanda Menezes. **Mercado De Trabalho E Pessoas Com Deficiência**. 1. ed. Rio de Janeiro: Lumen Juris, 2019, p.52.

I - consignar no histórico do auto de infração, na hipótese de não preenchimento integral da reserva legal prevista no caput do art. 93 da Lei nº 8213, de 1991, o montante de pessoas com deficiência ou reabilitadas que deixaram de ser contratadas e o número de empregados que serviu de base para a aplicação do percentual legal, conforme previsto no art. 5º; II - consignar no histórico do auto de infração, na hipótese de dispensa de empregado com deficiência ou reabilitado sem a antecedente contratação de substituto de condição semelhante, por término de contrato por prazo determinado superior a noventa dias, ou por dispensa imotivada, relativamente a contrato por prazo indeterminado, os nomes daqueles empregados dispensados e o número total de trabalhadores da empresa fiscalizada; III - fundamentar o auto de infração, na hipótese de caracterização de prática discriminatória, conforme o caso, no disposto o inciso IV do art. 3º e no inciso IV e caput do art. 5º da Constituição Federal; nos arts. 2 e 27 da Convenção sobre os Direitos da Pessoa com Deficiência; no art. 1º da Lei 9.029, de 13 de abril de 2011; nos arts. 8º e 373-A da Consolidação das Leis do Trabalho - CLT, aprovada pelo Decreto-lei nº 5.452, de 1º de maio de 1943, e demais normas aplicáveis.[177]

A multa pela violação de qualquer dispositivo do Regulamento da Previdência Social (RPS), como é o caso do empregador que não cumpre as exigências previstas na lei de Cotas e para a qual não haja penalidade explicitamente prevista no artigo 283 do RPS, é variável e depende da gravidade da infração, oscilando entre R$ 2.331,32 (dois mil trezentos e trinta e um reais e trinta e dois centavos) e R$ 233.130,50 (duzentos e trinta e três mil cento e trinta reais e cinquenta centavos) e está prevista no artigo 8º, inciso IV, da Portaria MF nº 15, de 16 de janeiro de 2018.

Salienta-se que a lei em questão é uma espécie de ação afirmativa que estipula a reserva de posições de trabalho destinadas a pessoas com deficiência ou a indivíduos que tenham sofrido acidentes de trabalho e se enquadrem como beneficiários da Previdência Social (reabilitados). Essa exigência se aplica a empresas com cem ou mais funcionários, com as cotas variando de 2% a 5% do conjunto total de vagas de emprego.

Quanto ao percentual mencionado, é importante ressaltar que ele é aplicado com base no número total de empregados das empresas, nesse sentido: I – de cem a 200 empregados: 2%. II – de 201 a 500: 3%. III – de 501 a 1.000: 4%. IV – de 1.001 em diante: 5%, conforme expresso no quadro a seguir:

---

[177] BRASIL. Secretaria de Inspeção do Trabalho. **Instrução Normativa nº 98**, de 2012, art. 14.

COMO INCLUIR OS AUTISTAS NO MERCADO DE TRABALHO

Quadro 6 – Percentual de vagas para pessoas com deficiência definido pela Lei de Cotas

Número total de empregados da empresa	Percentual de empregados com deficiência
100 a 200	2%
201 a 500	3%
501 a 1.000	4%
1.001 para cima	5%

Fonte: elaboração própria

Vale dizer que a conformidade com a obrigação legal deve ser analisada com base no número total de funcionários em todos os locais de atuação da empresa. Isso evita que empresários tentem contornar a lei ao distribuir seus funcionários apenas em estabelecimentos com menos de 100 trabalhadores cada.

A jurisprudência do Tribunal Superior do Trabalho respalda essa interpretação, como demonstrado nos trechos retirados dos julgados a seguir.

> (...) Nessa senda, os percentuais estabelecidos nos incisos I, II, III e IV do mencionado dispositivo de lei referem-se, conforme se denota de sua redação, a todos os empregados que prestam serviços ao empregador. Isso porque a lei, ao se utilizar do vocábulo empresa alude à atividade desenvolvida pelo tomador dos serviços, nos exatos termos do art. 966 do Código Civil, sob pena de se tornar ineficaz a prática afirmativa instituída pelo legislador ordinário, pois bastaria ao empresário distribuir seus empregados em estabelecimentos com menos de 100 trabalhadores, para que pudesse burlar o comando legal, em patente afronta aos arts. 3º, IV, e 7º, XXXI, da Carta Magna, que vedam o tratamento discriminatório em prejuízo do portador de deficiência. (...) (TST-RR224600-17.2001.5.02.0057, Relator Ministro Luiz Philippe Vieira de Mello Filho, 1ª Turma, DEJT 03.9.2010).
>
> (...) O v. acórdão regional observou a disposição do artigo 93 da Lei nº 8.213/91, que obriga a empresa com 100 (cem) ou mais empregados a preencher de 2% (dois por cento) a 5% (cinco por cento) dos seus cargos com beneficiários reabilitados ou pessoas portadoras de deficiência, habilitadas. Na hipótese vertente está registrado que a Reclamada possui mais de 100 (cem) empregados em seu quadro. O dispositivo refere a quantidade de empregados na empresa, e não em

cada estabelecimento, como quer fazer crer a Reclamada. (...) (TST-RR-12900-07.2002.5.22.0002, Relatora Ministra Maria Cristina Irigoy em Peduzzi, 8ª Turma, DJ 14.12.2007)

Em tempo, conceitua-se ações afirmativas, a partir da explicação de Gomes:

> Ações afirmativas são um conjunto de políticas públicas e privadas de caráter compulsório, facultativo ou voluntário, concebidas com vistas ao combate à discriminação racial, de gênero e de origem nacional, bem como para corrigir os efeitos presentes da discriminação praticadas no passado, tendo como por objetivo a concretização do ideal da efetiva igualdade de acesso a bens fundamentais como a educação e o emprego.[178]

O sistema de cotas, como ação afirmativa, teve origem na Europa no início do século XX com o propósito de reintegrar ex-soldados após a guerra, fornecendo recursos para sua recolocação no mercado de trabalho e amparando suas famílias. Empregadores que não podiam readaptar ex-combatentes tinham a alternativa de contribuir para um fundo público voltado para a reabilitação e reintegração profissional de pessoas com deficiência. Com o passar do tempo, o sistema se expandiu para englobar outros grupos que não eram ex-combatentes. Inglaterra e Holanda foram os pioneiros na adoção desse sistema, seguidos por outros países na década de 1960.[179]

A mencionada regulamentação também estipula no artigo 93, § 1º que, no caso de desligamento de empregados com deficiência, seja por demissão sem justa causa ou ao término de um contrato por prazo determinado com duração superior a 90 dias, o cargo deverá ser preenchido por outra pessoa nas mesmas condições. Essa disposição estabelece uma garantia de emprego não individual, mas que requer a contratação de outra pessoa com deficiência, assemelhando-se a uma espécie de reserva de mercado. Vejamos o dispositivo: "a dispensa de empregado com deficiência condiciona-se à contratação de trabalhador em situação semelhante, exceto quando exista na empresa quantitativo de empregados em percentual superior ao mínimo legal."

No tocante às críticas quanto à efetividade que muitos apontam na lei de cotas, temos alguns aspectos no debate. Pastore, de um lado, argumenta:

---

[178] GOMES, Joaquim B. Barbosa. **Ações afirmativas e princípio constitucional da igualdade: o direito como instrumento de transformação social. A experiência dos EUA**. São Paulo: Renovar, 2001.

[179] FONSECA, Ricardo Tadeu Marques da. **O trabalho da pessoa com deficiência e a lapidação dos direitos humanos: o direito do trabalho, uma ação afirmativa**. São Paulo: LTr, 2006.

> A fraca participação dos portadores de deficiência (sic) no mercado de trabalho decorre não da falta de leis e fiscalização, mas sim de carência de ações, estímulos e instituições que viabilizem, de forma concreta, a formação, habilitação, reabilitação e inserção dos portadores de deficiência (sic) no mercado de trabalho.[180]

Shimono sugere a implementação do conceito de "cota-contribuição," no qual a empresa, em lugar de efetuar diretamente a contratação de indivíduos com deficiência, direcionaria recursos para um fundo específico com a finalidade de financiar programas voltados para reabilitação e aprimoramento de habilidades.

Sustenta ainda que por mais de uma década, as sugestões de Pastore foram empregadas por empresas para justificar a ausência de trabalhadores com deficiência em suas instalações, ao lado dos demais trabalhadores.[181]

Outro ponto que gera debate é que as empresas com menos de 100 funcionários, legalmente não são obrigadas a contratar pessoas com deficiência, têm uma taxa média de empregabilidade de pessoas com deficiência de 1,05%, inferior à média geral das empresas.[182]

Ainda sobre o tema, um estudo encomendado em 2018 pelo Ministério Público do Trabalho em São Paulo, realizado pelo IBOPE, com pessoas com deficiência, constatou que 89% dos entrevistados acreditam que a Lei de Cotas oferece benefícios marcantes relacionados ao mercado de trabalho. Além disso, 86% dos entrevistados consideram que a lei de cotas aumenta a visibilidade social, e 82% atribuem a ela o aumento do poder aquisitivo das PcDs.[183]

Oportunamente, a pesquisa ainda nos mostrou que:

> (...) o trabalho desperta sentimentos positivos nos entrevistados. Quando levados a pensar espontaneamente sobre o assunto, as palavras Alegria, Independência, Dignidade foram as mais lembradas. Porém, mais da metade dos entrevistados, 52%, estavam desempregados e entre os que trabalhavam, a maioria, 62%, ocupava cargo operacional.

---

[180] PASTORE, José. **Oportunidades de trabalho para portadores de deficiência**. 1. ed. São Paulo: LTr, 2000.

[181] CLEMENTE, Carlos Aparício; SHIMONO, Sumiko Oki. **Trabalho de pessoas com deficiência e lei de cotas: invisibilidade, resistência e qualidade da inclusão**. São Paulo: Edição dos Autores, 2015.

[182] NERI, Marcelo. **As empresas e as cotas para pessoas com deficiência. Revista Conjuntura Econômica**, setembro de 2003.

[183] MINISTÉRIO PÚBLICO DO TRABALHO (MPT). **Pesquisa MPT-Ibope aponta que a Lei de Cotas ajuda as pessoas com deficiência a ingressar e evoluir no mercado de trabalho**. Disponível em: https://www.prt2.mpt.mp.br/708-pesquisa-mpt-ibope-aponta-que-a-lei-de-cotas-ajuda-as-pessoas-com-deficiencia-a-ingressar-e-evoluir-no-mercado-de-trabalho. Acesso em: 31/10/2023.

> Mais da metade dos entrevistados empregados trabalham no comércio (54%), em atividade social (19%) e em empresas de prestação de serviços (15%). Entre estes, quase dois terços afirmam que no seu local de trabalho não foram feitas adaptações específicas para recebê-los.
> A questão salarial também foi outro ponto abordado. Considerando o emprego atual, a maioria afirma que não teve seu trabalho reconhecido – 77% não recebeu promoção e 68% não recebeu capacitação (cursos) pela empresa; metade acredita que o salário que recebe é um pouco adequado.

Dentro desse contexto das pessoas com deficiência, a inclusão do referido grupo na força de trabalho de um país não tem a ver com nenhuma espécie de compaixão ou esmola, mas de conferir dignidade a uma comunidade que ao longo da história foi e continua sendo oprimida pela sociedade.

Outra crítica levantada sobre a lei de Cotas, é a de que não seria suficiente apenas criar cotas rígidas de maneira isolada: Shneider, por exemplo, destaca a necessidade de estabelecer uma parceria entre o Estado e o setor empresarial, com o objetivo de implementar ações afirmativas positivas destinadas à promoção da inclusão social.[184]

Conforme uma Nota Técnica emitida pelo Departamento Intersindical de Estatística e Estudos Socioeconômicos (DIEESE), foram apresentados dados comparativos sobre a contratação de Pessoas com Deficiência (PcD) nos anos de 2018 e 2019 que vislumbram o efeito positivo da Lei de Cotas:

> Segundo os dados da Rais-ME, em 31 de dezembro de 2018, havia 486,8 mil vínculos formais ativos de pessoas com deficiência, e o estado com a maior concentração era o de São Paulo, com 154,5 mil, seguido por Minas Gerais e Rio de Janeiro. No final de 2019, esse contingente se elevou, chegando a 523,4 mil. Como o total de vínculos formais, em 31 de dezembro de 2019, somou 47.554.211, a participação dos(as) trabalhadores(as) com deficiência era de 1,1% sobre o total de ocupados formais. (DIEESE, 2020)[185]

---

[184] SCHNEIDER, Patrick. **Futuro do trabalho da pessoa com deficiência: da lei de cotas à agenda 2030.** 1ª ed. Editora Letramento, 2 de novembro de 2021, p.63.

[185] DIEESE. **Inclusão da pessoa com deficiência no mercado de trabalho.** Nota Técnica, número 246, 20 de novembro de 2020. Disponível em: https://www.dieese.org.br/notatecnica/2020/notaTec246InclusaoDeficiencia. pdf. Acesso em 30 de outubro de 2023.

O DIEESE nos revela ainda a distribuição regional dos vínculos formais de trabalhadores com deficiência Brasil, nos anos de 2018 e 2019, na tabela a seguir[186]:

Quadro 7 – Distribuição Regional dos Trabalhadores com Deficiência no Brasil: Análise dos Vínculos Formais (2018-2019)

Região	2018		2019		Variação
	Nº	%	Nº	%	
Norte	21.986	4,50%	22.865	4,37%	879
Nordeste	79.298	16,30%	87.607	16,74%	8.309
Sudeste	251.602	51,70%	269.578	51,50%	17.976
Sul	94.825	19,50%	101.786	19,45%	6.961
Centro-Oeste	39.045	8,00%	41.595	7,95%	2.550
TOTAL	486.756	100,00%	523.431	100,00%	36.675

Fonte: DIEESE. **Inclusão da pessoa com deficiência no mercado de trabalho.** Nota Técnica, número 246, 20 de novembro de 2020

Apesar do ligeiro aumento no percentual visto acima, fruto da Lei de Cotas, ainda temos muito que melhorar. O elevado número de autistas desempregados é um alerta contundente de que mudanças efetivas são necessárias para garantir que esse grupo possa experimentar plenamente sua dignidade.

Por fim, sem esgotar o tema, é importante destacar uma limitação dessa ação afirmativa: embora a vaga de emprego possa ser preenchida por uma pessoa com deficiência, é frequentemente desafiador para indivíduos, como aqueles no espectro autista, alcançarem posições mais elevadas na hierarquia da empresa. Discutiremos sobre isso e outras barreiras enfrentadas no mercado de trabalho no próximo tópico.

4.3.2 A pessoa autista e o mercado de trabalho: desafios e possibilidades

4.3.2.1 Acessibilidade e a invisibilidade do adulto autista

O paradigma da inclusão social das pessoas com deficiência se baseia na premissa de que é crucial considerar as necessidades individuais de cada sujeito ao desenvolver políticas que garantam a proteção de seus direitos, conforme estabelecido desde a aprovação da Declaração dos Direitos Humanos pela Organização das Nações Unidas (ONU) em 1948.

---
[186] *Ibid.*

Sobre o assunto, as autoras Pimentel e Pimentel destacam que:

> É importante ressaltarmos que, em se tratando de pessoas com deficiência, a correta adequação do ambiente no qual estão inseridas pode potencializar, ou não, sua deficiência. Essa compreensão só é percebida caso a deficiência seja entendida não como o resultado de um infortúnio que acomete uma determinada pessoa, que passa a ser responsabilizada por adequar-se às condições sociais que lhe são oferecidas, mas como uma condição que pode ter seus efeitos reforçados pelo ambiente [187]

O conceito mais atual de acessibilidade encontra-se no artigo 3º do Estatuto da Pessoa com Deficiência:

> Acessibilidade: diz respeito à capacidade e às condições que asseguram que pessoas com deficiência ou mobilidade reduzida possam utilizar com segurança e independência espaços, mobiliário, equipamentos urbanos, edifícios, transporte, informações, comunicações e suas tecnologias, bem como outros serviços e instalações que sejam públicas ou privadas de uso coletivo, tanto em áreas urbanas quanto rurais.

Cumpre destacar que, de acordo com a definição mencionada anteriormente, o conceito de acessibilidade abrange uma ampla gama de elementos e não se restringe exclusivamente a barreiras físicas ou arquitetônicas. A noção de acessibilidade engloba diversos aspectos, incluindo aqueles de natureza atitudinal, física, tecnológica, informacional, comunicacional, linguística e muitos outros.

Conforme afirmado por Sassaki (2005) citado por Leite (2019), a inclusão requer a reconfiguração dos sistemas sociais abrangentes da sociedade, visando à eliminação dos elementos que anteriormente resultavam na exclusão de certos indivíduos. Sassaki também descreve seis dimensões de acessibilidade:

> 1. Acessibilidade arquitetônica: refere-se à ausência de barreiras físicas em todos os espaços internos e externos da escola e nos transportes coletivos.
> 2. Acessibilidade comunicacional: engloba a eliminação de barreiras na comunicação interpessoal (face-a-face, língua de sinais, linguagem corporal, linguagem gestual, etc.), na comunicação escrita (jornais, revistas, livros, cartas, apostilas, incluindo textos em braille, letras ampliadas para pessoas com

---

[187] PIMENTEL, Susana Couto; PIMENTEL, Mariana Couto. **Acessibilidade para inclusão da pessoa com deficiência: sobre o que estamos falando?**. Revista da FAEEBA: Educação e Contemporaneidade, Salvador, v. 26, n. 50, p. 91-103, 2017.

baixa visão, dispositivos de comunicação assistiva, etc.) e na comunicação virtual (acessibilidade digital).

3. Acessibilidade metodológica: refere-se à ausência de barreiras nos métodos e técnicas de ensino (adaptações curriculares, aulas baseadas nas inteligências múltiplas, uso de diferentes estilos de aprendizagem, participação de todos os alunos, novos conceitos de avaliação da aprendizagem, educação e logística didática, etc.), nas ações comunitárias (metodologias sociais, culturais e artísticas baseadas na participação ativa) e na educação dos filhos (novos métodos e técnicas nas relações familiares, etc.).

4. Acessibilidade instrumental: envolve a eliminação de barreiras em instrumentos e utensílios de estudo (lápis, canetas, transferidores, réguas, teclados de computador, materiais pedagógicos), atividades da vida diária (tecnologia assistiva para comunicação, higiene pessoal, vestimenta, alimentação, locomoção, banho, etc.) e atividades de lazer, esporte e recreação (dispositivos que atendam às limitações sensoriais, físicas e mentais, etc.).

5. Acessibilidade programática: refere-se à eliminação de barreiras invisíveis presentes em políticas públicas (leis, decretos, portarias, resoluções, medidas provisórias, etc.), regulamentos (institucionais, escolares, empresariais, comunitários, etc.) e normas gerais.

6. Acessibilidade atitudinal: abrange programas e práticas de sensibilização e conscientização da sociedade em geral, promovendo a convivência na diversidade humana e resultando na redução de preconceitos, estigmas, estereótipos e discriminações. [188]

Numerosas leis foram promulgadas para assegurar os direitos à acessibilidade. A Constituição e a legislação infraconstitucional, incluindo as Leis nº 7.853/89, nº 10.048/00 e nº 10.098/00, bem como o Decreto nº 3298/99, foram elaboradas para abordar essa questão. O Decreto Federal nº 5.296/04 regulamenta as Leis nº 10.048/00 e nº 10.098/00, que estabelecem prioridade no atendimento a pessoas especificadas e definem normas gerais e critérios básicos para promover a acessibilidade de pessoas com deficiência ou mobilidade reduzida. Até 2015, esse Decreto Federal era o principal instrumento para lidar com a acessibilidade e a remoção de barreiras arquitetônicas e urbanísticas, com profissionais de engenharia e arquitetura responsáveis pelo seu cumprimento, juntamente com a observância da Norma Técnica

---

[188] LEITE, Fernanda Menezes. **Mercado De Trabalho E Pessoas Com Deficiência**. 1. ed. Rio de Janeiro: Lumen Juris, 2019, p.103-104. LEITE, Fernanda Menezes. Mercado De Trabalho E Pessoas Com Deficiência. 1ª edição. Rio de Janeiro: Lumen Juris, 2019, p.52.

de Acessibilidade NBR 9050. Em 6 de julho de 2015, a Lei nº 13.146 foi promulgada, também conhecida como Lei Brasileira de Inclusão da Pessoa com Deficiência – LBI, conforme o nosso estudo destacou no capítulo anterior.

O acesso é um direito essencial que permite que as pessoas com deficiência exerçam sua cidadania. A acessibilidade é o pilar de sustentação para que possam participar plenamente na vida do Estado e, por conseguinte, na sociedade. Em outras palavras, a falta de acessibilidade as exclui das oportunidades e as torna desnecessárias. Portanto, é primordial contar com proteção legal nesse contexto[189]

Sabemos que a ausência das devidas adaptações nos ambientes para assegurar a independência de pessoas com deficiência, tarefas que deveriam ser simples, como utilizar o transporte público ou acessar um andar superior, tornam-se extremamente desafiadoras. A pesquisa feita pela NOZ inteligência com apoio da EqualWeb em 2022 mostrou, dentre outros cenários, como as pessoas com deficiência percebem a escassez de diversas formas de acessibilidade na nossa sociedade[190]:

Figura 8 – Panorama da Empregabilidade de Pessoas com Deficiência: Vínculos formais e Desafios da Inclusão

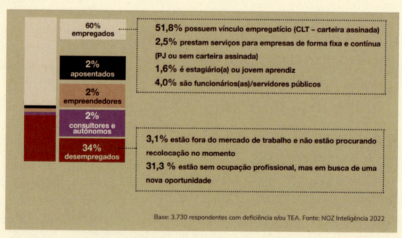

Fonte: https://equalweb.com.br/equalweb-apoia-estudo-inedito-sobre-empregabilidade-de-pessoas-com-deficiencia/

---

[189] NISHIYAMA, Adolfo Mamoru. **O direito das pessoas com deficiência à educação: a acessibilidade como instrumento do exercício da cidadania.** Revista dos Tribunais, São Paulo, vol. 1035, p. 57-73, jan. 2022, p.2.

[190] EqualWeb. **EqualWeb apoia estudo inédito sobre empregabilidade de pessoas com deficiência.** Disponível em: <https://equalweb.com.br/equalweb-apoia-estudo-inedito-sobre-empregabilidade-de-pessoas-com-deficiencia/>\. Acesso em: 06/11/2023.

No que diz respeito à empregabilidade, no entanto, é raro observar a inclusão de pessoas com deficiência no mercado de trabalho. Quando ocorre a inclusão, em alguns casos, as empresas não oferecem a ergonomia adequada ou treinamento para desempenhar as atividades. Isso indica que, embora exista no Brasil um sistema avançado para garantir os direitos das pessoas com deficiência, ainda há uma lacuna entre a teoria e a prática.[191]

Sobre como promover a acessibilidade, a obra Lei Brasileira de Inclusão da Pessoa com Deficiência – Comentada, traz que:

> Para promover à acessibilidade a municipalidade pode prever facilidades para adequação de imóveis existentes, a exemplo: • Permitir plataformas e pequenos elevadores nos recuos para acesso a pavimentos superiores; • Prever que este acréscimo para tornar acessível um espaço não conte como área construída e nas taxas de uso e ocupação do solo. • Priorizar e desburocratizar projetos de adequação; • Prever incentivos de IPTU para adequação a imóveis tombados ou residenciais, entre outras propostas. A acessibilidade deve ser garantida a todas as pessoas, inclusive a pessoa com deficiência física, visual, auditiva, intelectual e múltipla, pessoas idosas, com nanismo o que gera várias situações, de acordo com as normas técnicas da ABNT. Basicamente, esta acessibilidade pode ser garantida com: • Prevendo calçadas com faixa livre de no mínimo 1,20m de largura com inclinação transversal de no máximo 3%; • Mobiliário urbano com desenho universal; • Inexistência de degraus e obstáculos nos passeios públicos com pisos adequados; • Prever em edificações circulação vertical acessível com rampas, plataformas, elevadores verticais e inclinados. • Prever circulação horizontal livre de obstáculos, portas com vão mínimos de 0,80m de largura, pisos com revestimentos antiderrapantes. • Sanitários adequados a diversidade como pessoas usuárias de cadeira de rodas, com nanismo; • Uso de piso tátil de alerta e direcional quando necessário; • Estacionamento em ruas ou garagens reservadas; • Escadas com corrimão; • Sistemas elétricos e hidráulicos como interruptores, tomadas, torneiras com design e alturas adequadas a qualquer usuário incluindo pessoas com deficiência.[192]

---

[191] SANTOS, Talianne Rodrigues et al. **Políticas Públicas Direcionadas às Pessoas com Deficiência: Uma Reflexão Crítica**. Revista Ágora, Vitória, n. 15, p. 117, 2012.

[192] SETUBAL, Joyce Marquezin; FAYAN, Regiane Alves Costa (orgs.). **Lei Brasileira de Inclusão da Pessoa com Deficiência - Comentada**. Campinas: Fundação FEAC, 2016, p 180.

A invisibilidade do adulto autista começa nesse ponto: nos textos que retratam acessibilidade, por exemplo, dificilmente os autistas terão algum destaque. Como iremos incluir os autistas no mercado de trabalho, se não temos essa pauta sendo bastante discutida, nem ao menos, academicamente? O gráfico abaixo mostra a escassez desses estudos.[193]

Figura 9 – Escassez de Estudos sobre Autismo e Mercado de Trabalho: Uma Análise Temporal (2011-2020)

Fonte: GUTIERREZ, Ariane Alves; SOUZA, Danilo Almeida. **Democracia e Direito: perspectivas inclusivas de jovens e adultos com Transtorno do Espectro Autista no Mundo do Trabalho**. Revista Brasileira da Educação Profissional e Tecnológica

No contexto da acessibilidade arquitetônica para autistas, a criação de rampas, obviamente, não é necessária. No entanto, políticas voltadas para autistas já incluíram rampas como parte das medidas de acessibilidade, o que evidencia a falta de compreensão sobre o autismo, levando a situações esdrúxulas.

Outro exemplo ilustrativo envolve um servidor público municipal que trabalha em duas escolas públicas de Vila Velha. Ele solicitou uma carga horária especial à prefeitura para poder se submeter a tratamentos

---

[193] GUTIERREZ, Ariane Alves; SOUZA, Danilo Almeida. **Democracia e Direito: perspectivas inclusivas de jovens e adultos com Transtorno do Espectro Autista no Mundo do Trabalho**. Revista Brasileira da Educação Profissional e Tecnológica, [S. l.], v. 1, n. 23, 2023. DOI: 10.15628/rbept.2023.15249. Disponível em: https://www2.ifrn.edu.br/ojs/index.php/RBEPT/article/view/15249. Acesso em: 06/11/2023

médicos. Após seguir todos os procedimentos necessários para obter essa redução da carga de trabalho e já ter iniciado o tratamento duas vezes por semana, esse direito foi revogado. A Procuradoria do Espírito Santo argumentou que Helder não poderia receber a carga horária especial, pois, de acordo com a legislação de Vila Velha, esse benefício está disponível somente para servidores que tenham filhos com deficiência ou autismo. Isso significa que, apesar de ser uma pessoa com deficiência, o adulto autista não teve a opção de obter esse direito para receber tratamento.[194]

Nesse sentido, a lei que pretende proteger os direitos dos autistas, infantiliza o autista adulto, ao esquecer que o autista cresce, trabalha e consequentemente, precisa de proteção no âmbito laboral. Uma lei que se concentra, na prática, apenas na proteção dos pais dos autistas revela a triste realidade da invisibilidade enfrentada pelos adultos autistas.

4.3.2.2 A adaptação sensorial no ambiente de trabalho para os autistas

O "Guia para empresas sobre os direitos das pessoas com deficiência" da Organização Internacional do Trabalho, propôs formas para promoção de um ambiente de trabalho com acessibilidade:

> A. Fornecer adaptações razoáveis para funcionários com deficiência no local de trabalho, se necessário. As informações sobre isso devem ser disponibilizadas a todos os funcionários e fazer parte de qualquer treinamento de recepção de novos funcionários
>
> B. Com base em uma avaliação (por exemplo, através de uma auditoria de acessibilidade) das barreiras existentes de instalações, sites, sistema de TI, e procedimentos de evacuação de emergência, implementar um plano de acessibilidade para a eliminação gradual das barreiras atuais. Envolver membros da equipe com deficiência neste processo e na identificação de ações prioritárias.
>
> C. Assegurar que o pessoal de gerenciamento de instalações tanto interno quanto subcontratado cumpra os requisitos de acessibilidade, de modo que todas as novas instalações da empresa atendam aos requisitos relevantes de acessibilidade e que quaisquer alterações nas instalações atuais também sejam usadas para melhorar a acessibilidade.

---

[194] ESHOJE. **Servidor autista é proIbido de ter carga horária reduzida em VV para fazer tratamento.** Disponível em: https://eshoje.com.br/2022/06/servidor-autista-e-proIbido-de-ter-carga-horaria-reduzida-em--vv-para-fazer-tratamento. Acesso em: 02 nov. 2023.

D. Assegurar que as necessidades de acessibilidade sejam incluídas como parte dos processos de aquisição da empresa, por exemplo, ao comprar equipamentos de TI, móveis ou software.[195]

A Norma ABNT NBR 9050:2020 da Associação Brasileira de Normas Técnicas (ABNT), sobre o assunto, dispõe que:

> 3.1.2 acessível: espaços, mobiliários, equipamentos urbanos, edificações, transportes, informação e comunicação, inclusive seus sistemas e tecnologias ou elementos, que possam ser alcançados, acionados, utilizados e vivenciados por qualquer pessoa
> 3.1.3 adaptável: espaço, edificação, mobiliário, equipamento urbano ou elemento cujas características possam ser alteradas para que se tornem acessíveis.
> 3.1.4 adaptado: espaço, edificação, mobiliário, equipamento urbano ou elemento cujas características originais foram alteradas posteriormente para serem acessíveis
> 3.1.5 adequado: espaço, edificação, mobiliário, equipamento urbano ou elemento cujas características foram originalmente planejadas para serem acessíveis

É preciso, diante da lacuna encontrada nos guias e normas, destacar o que seria a real e completa acessibilidade para um adulto autista no mercado de trabalho. Para que possamos entender essa adaptação, faz-se necessário explicar, de forma resumida, o Transtorno do Processamento Sensorial (TPS), presente na maioria dos autistas e que afeta de forma considerável o seu desempenho e qualidade de vida.

O Transtorno do Processamento Sensorial (TPS) é o termo utilizado para descrever dificuldades no processamento e na utilização de informações sensoriais que afetam a regulação das respostas fisiológicas, motoras, afetivas e de atenção, impactando, assim, a organização do comportamento e a participação em atividades do cotidiano. Ressalta-se que o TPS pode manifestar-se em indivíduos sem condições clínicas aparentes, embora seja frequentemente associado a outros diagnósticos, como o Transtorno do Espectro Autista e o Transtorno do Déficit de Atenção/Hiperatividade. A sua prevalência é estimada em 5% a 16% na população geral, enquanto na população com diagnósticos específicos, como o autismo, varia de 30% a 80%.[196]

---

[195] ORGANIZAÇÃO INTERNACIONAL DO TRABALHO (OIT). **Guia para empresas sobre os direitos das pessoas com deficiência**. Disponível em: https://www.ilo.org/brasilia/noticias/WCMS_615742/lang--pt/index.htm. Acesso em: 02 nov. 2023.

[196] MACHADO, Ana Carolina Cabral de Paula; OLIVEIRA, Suelen Rosa de; MAGALHÃES, Lívia de Castro; MIRANDA, Débora Marques de; BOUZADA, Maria Cândida Ferrarez. **Processamento sensorial no período da infância em crianças nascidas pré-termo: revisão sistemática**. Revista Paulista de Pediatria, v. 35, n. 1, 2017.

Em sua teoria, Ayres defendeu que quando há um comprometimento do processamento sensorial de uma criança, ele resulta em problemas sociais, emocionais, motores, e/ou funcionais, segundo a doutora:

> Integração sensorial é a organização das sensações para o uso. Nossos sentidos nos fornecem informação sobre as condições físicas do nosso corpo e do ambiente a nossa volta. As sensações fluem pelo cérebro como as correntes fluem por um lago. Incontáveis pedaços de informações sensoriais entram em nosso cérebro a todo instante, não apenas de nossos olhos e ouvidos, mas de todos os lugares no nosso corpo. Nós temos um sentido especial que detecta a força da gravidade e os movimentos do nosso corpo em relação à terra.[197]

O cérebro desempenha a função de identificar, categorizar e transmitir as sensações. Conforme a estudiosa explica, o movimento, a aprendizagem e o comportamento produtivo (eficaz) de uma pessoa resultam da capacidade do cérebro de organizar todas as sensações que recebe, tanto aquelas provenientes do corpo quanto do ambiente. Quando as sensações fluem de maneira ordenada e integrada, o cérebro pode empregá-las para formar percepções, comportamentos e aprendizado.

A Dra. Ayres compara esse processo à atuação de um agente de trânsito que coordena o fluxo de veículos em movimento. Segundo ela, quando o fluxo de sensações está desorganizado, a vida pode ser comparável ao trânsito caótico durante o horário de pico.[198]

No diagrama apresentado a seguir[199], a pesquisadora esboçou o padrão tradicional de desenvolvimento da Integração Sensorial o qual, em sua perspectiva, se divide em quatro fases claramente definidas. Essa representação gráfica demonstra como os variados tipos de informações sensoriais se unem para formar as habilidades fundamentais necessárias para que uma pessoa alcance êxito e bem-estar na vida.

---

[197] AYRES, A. Jean. Sensory integration and learning disorders. Los Angeles, CA: Western Psychological Services, 1972. p. 222-225. *apud* SOUZA, Joana Rostirolla Batista de. **Formação Continuada de Professores: Transtorno do Processamento Sensorial e as Consequências para o Desempenho Escolar**. 2014, p. 21.

[198] *Ibid.*

[199] *Ibid.*

Figura 10 – Integração Sensorial proposto por Ayres

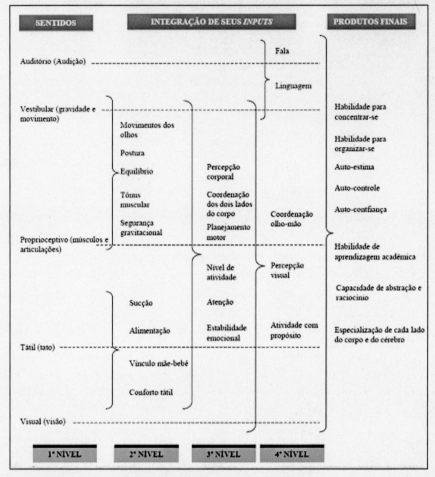

Fonte: AYRES, A. Jean. **Sensory integration and learning disorders**. Los Angeles, CA: Western Psychological Services, 1972

    A literatura produziu uma extensa documentação a respeito dos déficits no processamento sensorial. Esses déficits, como vimos acima, referem-se às dificuldades no processamento e na utilização de informações sensoriais, abrangendo as modalidades táteis, visuais, gustativas, olfativas, auditivas, proprioceptivas e vestibulares.[200]

---

[200] MACHADO, Ana Carolina Cabral de Paula et al. **Processamento sensorial no período da infância em crianças nascidas pré-termo: revisão sistemática.** In: Revista Paulista de Pediatria, Volume 35, Número 1, 2017. *apud* SAVALL, Ana Carolina Rodrigues; DIAS, Marcelo (orgs.) **Transtorno do espectro autista: do conceito ao processo terapêutico**. São José/SC: FCEE, 2018, p. 44.

Com base nas pesquisas de Ayres, ao longo do tempo, diversas categorizações de comportamentos associados ao transtorno do processamento sensorial foram empregadas. No entanto, a mais recente nosologia proposta por Miller et al. classifica o transtorno do processamento sensorial em três categorias: transtornos de modulação sensorial, transtornos de discriminação sensorial e transtornos motores com base sensorial, conforme mostrado na figura abaixo[201]:

Figura 11 – Classificação dos Transtornos de Processamento Sensorial: Modulação, Discriminação e Transtornos Motores

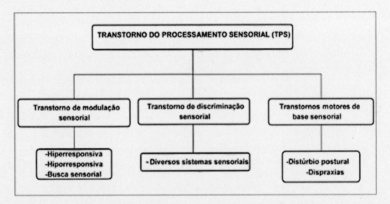

Fonte: AYRES, A. Jean. **Sensory integration and learning disorders**. Los Angeles, CA: Western Psychological Services, 1972

Ainda sobre essa classificação, Shimizu e Miranda nos explicam com base nos estudos de Miller:

> Transtornos de modulação sensorial são caracterizados pela dificuldade em regular grau, intensidade e natureza das respostas aos estímulos sensoriais, podendo ser classificados em: a) hiporresponsividade sensorial, com pobre reação aos estímulos relevantes do ambiente como, por exemplo, dor, movimentos ou cheiros; b) hiperresponsividade sensorial, com maior tendência a se orientar e a responder a determinados estímulos, como toques, movimentos, luzes, sons, apresentando, por exemplo, respostas aversivas ou intolerância ao movimento, com reação de enjoo, mal-estar e náuseas diante de

---

[201] MILLER, L. J. et al. **Concept evolution in sensory integration: a proposed nosology for diagnosis**. In: American Journal of Occupational Therapy, vol. 61, no. 2, 2007, p. 135.

mínimos estímulos; c) busca sensorial, com procura constante de estímulos intensos, seja vestibular, proprioceptivo e outros. Transtornos de discriminação sensorial estão relacionados às dificuldades em interpretar a qualidade ou a singularidade de cada estímulo, perceber suas diferenças e semelhanças, podendo apresentar diferentes graus de dificuldades nas diversas modalidades sensoriais, como visual, tátil, auditivo, vestibular, proprioceptivo, gustativo e olfativo.

Já os transtornos motores com base sensorial são caracterizados por indivíduos com dificuldades em integrar as informações do próprio corpo e movimentar-se de maneira eficiente no ambiente, sendo os problemas mais comuns: a) distúrbio postural, com dificuldade em estabilizar o corpo durante o movimento ou retificar a postura quando solicitado pelo movimento; b) dispraxia, com dificuldade em idealizar, criar, iniciar, planejar, sequenciar, modificar e executar as ações.[202]

Nesse cenário, é preciso pensar numa adaptação dentro do ambiente de trabalho que olhe com cuidado para essa condição. Uma das medidas possíveis, seria a colocação de uma sala de integração sensorial que tem como características ser silenciosa, as paredes com cores brancas ou em tons pastéis, ausência de objetos vibrantes, a luz menos intensa e longe da cozinha para evitar cheiros indesejáveis, onde o adulto autista possa ir se regular quando sentisse necessidade.

Exemplo disso já acontece em alguns ambientes públicos e eventos, como o festival "The Town", realizado em São Paulo em setembro de 2023:

"Idealizado pela terapeuta ocupacional Luciana Sanged Portella e pela CEO do projeto, Michele Melo Spider, o espaço consiste em uma sala de integração sensorial voltada para o público com transtornos de processamento sensorial, como autistas e pessoas com ansiedade, que precisam se regular nas questões sensoriais auditiva, visual, tátil, e proprioceptiva — classificada pelas especialistas como "aquela vontade de um abraço, de um acolhimento".[203]

Qatar também apostou, na última Copa do Mundo em 2022, na acessibilidade. O evento contou com uma sala sensorial, para autistas:

[202] SHIMIZU, Vitoria Tiemi; MIRANDA, Mônica Carolina. **Processamento sensorial na criança com TDAH: uma revisão da literatura**. In: Revista Psicopedagogia, vol. 29, no. 89, 2012, pp. 256-268. ISSN 0103-8486.

[203] **Refúgio Sensorial leva acessibilidade para autistas e pessoas**. LinkedIn. Disponível em: <https://www.linkedin.com/pulse/ref%C3%BAgio-sensorial-leva-acessibilidade-para-autistas-e-pessoas/?originalSubdomain=pt>. Acesso em 02 de novembro de 2023.

um espaço calmo e seguro que ajuda a controlar o nível de ansiedade. Segundo Sana Abu Majeed, terapeuta da Academia Renad, da Fundação Qatar. "A maioria das pessoas neurodivergentes pode sentir-se incomodada pelo ruído e pela iluminação, há ambientes que podem ser muito desconfortáveis para essas pessoas. A sala sensorial pode desempenhar um papel a esse nível. Os ambientes que criamos destinam-se a acalmar e relaxar as pessoas."[204]

Interessante notar, que existem terapias ocupacionais com o intuito de melhorar esse problema de ordem sensorial das pessoas que estão no espectro autista: são as terapias integrativas sensoriais. Ocorre, no entanto, que a maioria das clínicas fazem tratamentos apenas com crianças autistas. Reforçando mais uma vez a invisibilidade do adulto autista que terá, consequentemente, dificuldades acentuadas para se encaixar na vida social e no seu ambiente de trabalho.

Cabe aqui, porém, reforçar a dicotomia existente dentro do transtorno em comento. Uma pessoa com TPS pode experimentar hipersensibilidade ou hipossensibilidade a estímulos sensoriais. A hipersensibilidade envolve uma percepção intensa dos estímulos do ambiente, levando a experiências em que as luzes e cores são percebidas como excessivamente brilhantes, os sons são extremamente incômodos, os odores são intensos e as sensações táteis são interpretadas de forma profunda

Por outro lado, a hipossensibilidade significa que a pessoa requer estímulos adicionais ou esforços para perceber os estímulos sensoriais. Isso pode manifestar-se na agitação, busca por mais estimulação, menor resposta à dor ou preferência por ambientes ruidosos, entre outros exemplos.[205]

O fato é que a maioria dos autistas sofrem com a exposição aos estímulos. A exposição nem precisa ser prolongada: um simples cheiro de perfume que provoca boas sensações e lembranças numa pessoa neurotípica, pode imediatamente acarretar uma crise sensorial no autista.

Assim, um autista em crise pode ficar, por exemplo, alguns dias com a saúde debilitada e, consequentemente, não entregar seu trabalho com a eficiência que normalmente faria. Em casos mais graves, a crise determina a piora nas comorbidades que, geralmente, as pessoas autistas são afetadas,

---

[204] Euronews. **Qatar 2022 aposta na acessibilidade dos estádios para pessoas com deficiência. Euronews**. Disponível em: < https://pt.euronews.com/2022/11/09/qatar-2022-aposta-na-acessibilidade-dos-estadios-para-pessoas-com-deficiencia>. Acesso em 02 de novembro de 2023.

[205] NeuroConecta. **Transtorno do Processamento Sensorial (TPS) no Autismo**. Disponível em: <https://neuroconecta.com.br/transtorno-do-processamento-sensorial-tps-no-autismo/>. Acesso em 02 de novembro de 2023.

culminando num quadro de necessária reclusão e criteriosos cuidados com o objetivo de recuperar a fragilizada saúde.

Esses desafios sensoriais são considerados uma característica do Transtorno do Espectro Autista (TEA) e, de fato, são usados como um dos critérios para diagnosticar o autismo. O DSM-5 (2013) incorporou a "hiper ou hiporreatividade à entrada sensorial" e o "interesse incomum nos aspectos sensoriais do ambiente" nos principais critérios do TEA relacionados a interesses restritos e comportamentos repetitivos.[206]

Além da sala de integração sensorial, surge a necessidade de implementar adaptações sensoriais no próprio ambiente de trabalho do autista. Seria ideal que o empregador considerasse as necessidades individuais de cada pessoa que está no espectro autista, permitindo uma adaptação personalizada. Dada a vasta diversidade no espectro, com suas distintas características, cada indivíduo possui necessidades únicas, tornando inviável a pré-adaptação de um ambiente de trabalho para todos os autistas.

Salienta-se que as mudanças sensoriais não apenas influenciam o desempenho dos autistas no ambiente de trabalho, mas também afetam seu comportamento cotidiano em vários aspectos da vida, incluindo a seletividade alimentar, o apetite, o sono, o humor e a agressividade.

4.3.2.3 Barreiras atitudinais, como vencê-las?

De acordo com o art. 3º, IV, da Lei Brasileira de Inclusão, barreiras são definidas como qualquer entrave, obstáculo, atitude ou comportamento que restrinja ou impossibilite a integração social da pessoa, bem como a desfrutar, aproveitar e exercer seus direitos relacionados à acessibilidade, liberdade de locomoção e expressão, comunicação, acesso à informação, compreensão, circulação segura, entre outros, e são classificadas em:

a. Barreiras urbanísticas: aquelas encontradas em vias e espaços públicos e áreas de acesso público ou uso coletivo;

b. Barreiras arquitetônicas: aquelas encontradas em edifícios públicos e privados;

---

[206] Associação Americana de Psiquiatria. (2014). **Manual diagnóstico e estatístico de transtornos mentais** (5ª ed.). Porto Alegre: Artmed.

c. Barreiras nos transportes: aquelas encontradas em sistemas e meios de transporte;

d. Barreiras nas comunicações e na informação: qualquer obstáculo, entrave, atitude ou comportamento que dificulte ou impeça a expressão ou recebimento de mensagens e informações por meio de sistemas de comunicação e tecnologia da informação;

e. Barreiras atitudinais: atitudes ou comportamentos que impeçam ou prejudiquem a participação social da pessoa com deficiência em igualdade de condições e oportunidades em relação às demais pessoas.

Assim, as barreiras atitudinais manifestam-se na forma de preconceitos, estigmas, estereótipos e discriminações[207] Além disso, essas barreiras podem se apresentar de maneira direta, através da linguagem falada, ou de maneira indireta, como por meio de um olhar desdenhoso ou favorecer o isolamento.[208]

O termo em questão, relaciona-se com o conceito de capacitismo:

> Capacitismo é a leitura que se faz a respeito de pessoas com deficiência, assumindo que a condição corporal destas é algo que, naturalmente, as define como menos capazes. [...] Está relacionado a uma compreensão normatizada e autoritária sobre o padrão corporal humano, que deflagra uma crença de que corpos desviantes serão consequentemente insuficientes, seja diminuindo seus direitos e mesmo o direito à vida em si, seja de maneira conceitual e estética, na realização de alguma tarefa específica, ou na determinação de que essas sejam pessoas naturalmente não saudáveis.[209]

Nessa esteira, sobre barreiras atitudinais:

> Barreiras atitudinais podem ser definidas como meios que dificultam o acesso de pessoas com deficiências a diferentes locais. Porém, não de forma a não existir acesso físico, mas sim, de existirem atitudes de preconceito ou de não-inclu-

---

[207] José Cláudio Monteiro de Brito Filho (2018, p. 119-120 *apud* LEITE, Fernanda Menezes. **Mercado De Trabalho E Pessoas Com Deficiência**. 1. ed. Rio de Janeiro: Lumen Juris, 2019, p. 111).

[208] *Ibid*.

[209] VENDRAMIN, Carla. **Repensando mitos contemporâneos: O capacitismo**. Revista Memória Experiência e Invenção, Campinas, v. 2, n. 1, p. 17, ago. 2019.

> são por parte das pessoas que frequentam os espaços. Essas atitudes podem ser conscientes ou não, derivadas de um preconceito explicito ou não. O termo se relaciona com o conceito de Capacitismo, uma forma de preconceito contra as pessoas com deficiência em que se julgam incapazes ou que tem a necessidade de serem tuteladas por uma incapacidade de conviver ou realizar atividades.[210]

As barreiras atitudinais nem sempre são intencionais ou reconhecidas. O principal desafio é não agir prontamente para removê-las quando são identificadas.

Vimos em outro momento, a importância da Lei de Cotas para as pessoas com deficiência, no entanto, é importante falar que a barreira atitudinal existe também no momento da contratação. Infelizmente, muitas empresas privadas e instituições públicas frequentemente apresentam obstáculos à participação efetiva desses profissionais.

Esses sujeitos costumam alegar despesas excessivas com adaptações no ambiente de trabalho e deficiências no desempenho das atividades. No entanto, na realidade, muitas pessoas com deficiência não requerem tecnologias assistivas sofisticadas, algumas dependem apenas de recursos de acessibilidade gratuitos e demonstram níveis de produtividade tão elevados, ou até mesmo superiores, em comparação com outros colaboradores.[211]

Alguns trabalhadores autistas, em especial, são capazes de executar uma atividade com hiperfoco, desempenhando com prazer uma carga de trabalho considerada elevada e entediante para maioria dos trabalhadores neurotípicos. Ressaltando, mais uma vez, que a adaptação para maioria dos autistas não culmina em grandes gastos. Fones de ouvido, teclados e mouses silenciosos, uma sala sensorial, ambiente de trabalho silencioso e com iluminação baixa, são basicamente algumas das simples adaptações.

Os discursos que ressaltam os custos associados à contratação da pessoa com deficiência contribuem para a disseminação da ideia errônea de incapacidade. Na realidade, as empresas estão cumprindo apenas a parte

---

[210] DINIZ, Antonia; FREITAS, Cesar Gomes de; OLIVEIRA, Valdirene Nascimento da Silva. **Barreiras Atitudinais, Dilema de uma Mulher Deficiente Visual: Trajetória Laboral e Acadêmica**. Revista Educação Inclusiva, Volume 4, Número 3, 2021, p. 54.

[211] *Ibid.*

essencial da lei, que se resume a disponibilizar um número mínimo de vagas, muitas vezes não preenchidas, uma vez que sutilmente os critérios de seleção excluem muitos candidatos com deficiência.

No que diz respeito ao tipo de deficiência, a maioria dos empregos foram ocupados por trabalhadores com deficiência física (45%), seguidos por aqueles com deficiência auditiva (17,7%) e deficiência visual (16,1%). A deficiência intelectual ou mental representou a menor parcela (9%) e inclui erroneamente o Transtorno do Espectro Autista (TEA).[212]

No manual intitulado "DIRETRIZES PARA A ATENÇÃO À SAÚDE DA PESSOA COM DEFICIÊNCIA INTELECTUAL NA REDE DE REABILITAÇÃO DO SUS-BH," [213](2019) que se baseia no DSM-5 para o diagnóstico de deficiência intelectual, são apresentados os critérios diagnósticos correspondentes:

> A) Déficits em funções intelectuais como raciocínio, solução de problemas, planejamento, pensamento abstrato, juízo, aprendizagem acadêmica, aprendizagem pela experiência. Incluindo a compreensão verbal, memória de trabalho, raciocínio perceptivo, raciocínio quantitativo, pensamento abstrato e eficiência cognitiva. B) Déficits em funções adaptativas referem-se à capacidade de uma pessoa em alcançar os padrões de sua comunidade com relação à independência pessoal, responsabilidade social em comparação a outras pessoas com idade e antecedentes socioculturais similares. O domínio adaptativo envolve: • Domínio conceitual (acadêmico): memória, linguagem, leitura escrita, raciocínio matemático, aquisição de conhecimentos práticos, solução de problemas e julgamento em situações novas. • Domínio social: percepção de pensamentos, sentimentos, experiências dos outros, empatia, habilidades de comunicação interpessoal, habilidade de amizade, julgamento social e outros. • Domínio prático: envolve aprendizagem e autogestão na vida inclusive cuidados pessoais, responsabilidades profissionais, controle

---

[212] LEMOS, Marie Okabayashi de Castro. **"NADA SOBRE NÓS, SEM NÓS: SENSORIALIDADES E VOZES DE TRABALHADORES AUTISTAS: Uma análise acerca da inclusão no capitalismo à luz do Direito do Trabalho."** 2022, p. 56.

[213] Prefeitura Municipal de Belo Horizonte (PMBH). **Diretrizes para a Atenção à Saúde da Pessoa com Deficiência Intelectual na Rede de Reabilitação do SUS-BH. Belo Horizonte**, 2019. Disponível em: https://prefeitura.pbh.gov.br/sites/default/files/estrutura-de-governo/saude/2020/diretrizes_reabilitacao_deficiencia_intelectual-5-3-2020.pdf. Acesso em 02 de novembro de 2023.

do dinheiro, recreação, autocontrole comportamental, organização de tarefas escolares e profissionais, entre outros. C) Início dos déficits intelectuais e adaptativos durante o período do desenvolvimento

Para que se tenha diagnóstico de deficiência intelectual os déficits do funcionamento adaptativo (critério B) devem estar diretamente relacionados aos déficits das funções intelectuais (critério A). O critério B é preenchido quando pelo menos um domínio conceitual, social ou prático estiver prejudicado a ponto de ser necessário apoio contínuo para que a pessoa tenha desempenho adequado em um ou mais de um local como: escola, trabalho, casa ou comunidade.

Consideramos que o autismo poderia ser mais apropriadamente classificado em uma nova categoria de deficiência, possivelmente denominada de "deficiência neurológica/sensorial". Isso se justifica pelo seguinte: categorizá-lo como deficiência intelectual/mental tende a gerar confusão com o conceito estabelecido pelo Manual Diagnóstico e Estatístico de Transtornos Mentais (DSM-IV) para a Deficiência Intelectual, anteriormente conhecida como Deficiência Mental (DM). A Deficiência Intelectual é caracterizada por uma notável redução no funcionamento intelectual, que se situa significativamente abaixo da média e se manifesta desde o período de desenvolvimento.

Sabemos que o espectro autista é amplo e temos também autistas com QI considerado acima da média ou elevado. Acrescenta-se, ainda, que a deficiência intelectual não está presente nos autistas chamados na definição antiga de alto funcionamento e que hoje estão dentro do nível um de suporte. Essa confusão só atrapalha no momento da adaptação no mercado de trabalho.

Quadro 8 – Distribuição dos Vinculos Formais por Tipo de Deficiência no Brasil: Análise Comparativa 2018-2019

Distribuição dos vínculos formais de trabalhadores(as) com deficiência por tipo de deficiência Brasil, 2018 e 2019

Tipo de Deficiência	2018		2019		DIF vínculos
	Nº vínculos	%	Nº vínculos	%	
FÍSICA	230.345	47,30%	235.393	45,0%	5.048
AUDITIVA	87.992	18,10%	92.874	17,7%	4.882
VISUAL	74.314	15,30%	84.408	16,1%	10.094
MENTAL	43.292	8,90%	46.958	9,0%	3.666
MULTIPLA	9.162	1,90%	8.630	1,6%	-532
REABILITADO	41.651	8,60%	55.168	10,5%	13.517
Total	486.756	100,00%	523.431	100,0%	36.675

Fonte: DIEESE. **Inclusão da pessoa com deficiência no mercado de trabalho**. Nota Técnica, número 246, 20 de novembro de 2020

Em particular, o tipo de deficiência pode impactar positivamente ou negativamente a inclusão no mercado de trabalho. Entre todas as categorias, o autismo é frequentemente considerado indesejável pelos empregadores.[214]

A persistência da priorização do tipo de deficiência como critério principal nas seleções de indivíduos permanece como um aspecto alarmante a ser considerado.

Os dados da tabela acima revelam uma evidente discrepância, favorecendo a contratação de pessoas com deficiência física em detrimento das deficiências auditiva, visual e intelectual.

Esta disparidade evidencia a urgência de uma revisão profunda nos processos seletivos, buscando estabelecer critérios mais equitativos que valorizem não somente um tipo específico de deficiência, mas também as habilidades e competências individuais de cada candidato.

A ênfase na contratação de pessoas com deficiência física, enquanto outras deficiências são sub-representadas, não só revela um viés existente, mas também destaca a necessidade de políticas inclusivas mais abrangentes.

É preciso avançar em direção a uma abordagem que reconheça e valorize as habilidades únicas de cada indivíduo, independentemente do tipo de deficiência apresentada, promovendo assim uma inclusão eficaz e reconhecendo a diversidade de contribuições que cada pessoa pode oferecer.

---

[214] LEMOS, Marie Okabayashi de Castro. **"NADA SOBRE NÓS, SEM NÓS: SENSORIALIDADES E VOZES DE TRABALHADORES AUTISTAS: Uma análise acerca da inclusão no capitalismo à luz do Direito do Trabalho."** 2022, p. 56.

Ao se observar a movimentação (de admissões e de desligamentos) de trabalhadores(as) com deficiência, de janeiro a setembro de 2020, os desligamentos sem justa causa totalizaram 35,8% do total (no mercado de trabalho geral este percentual foi de 30,2%); somando-se os desligamentos a pedido e os desligamentos com justa causa, os desligamentos totalizavam 51,7% entre os(as) trabalhadores(as) com deficiência, percentual muito acima do geral do mercado de trabalho, que foi de 41,8%. Em relação ao movimento de admissões por reemprego (o tipo mais comum), para trabalhadores(as) com deficiência ele foi de 37,2%, muito inferior ao total dos vínculos formais, que foi de 45,2%. O resultado desta dinâmica foi que o saldo de fechamento de postos de trabalho formais (quando o resultado da conta das admissões subtraído dos desligamentos tem resultado negativo) para os(as) trabalhadores(as) com deficiência foi bem mais representativo, proporcionalmente, do que o do total do mercado de trabalho formal, com proporcionalmente mais desligamentos e menor intensidade nas admissões.[215]

Em tempo, devemos destacar que a discriminação com base na condição de deficiência é considerada um ato criminoso. A CDPD aborda essa questão, e a Lei Brasileira de Inclusão (LBI), em seu artigo 88, estabelece a discriminação como crime, com penalidades que podem incluir prisão ou multa.[216]

É necessário, diante do cenário que segrega o trabalhador autista, lembrarmos dos princípios centrais da Convenção sobre os Direitos das Pessoas com Deficiência (CDPD): acessibilidade, igualdade de oportunidades e inclusão. No gráfico abaixo demonstra-se como esses princípios estão interligados.

---

[215] DIEESE. **Inclusão da pessoa com deficiência no mercado de trabalho**. Nota Técnica, número 246, 20 de novembro de 2020. Disponível em: https://www.dieese.org.br/notatecnica/2020/notaTec246InclusaoDeficiencia.pdf. Acesso em 30 de outubro de 2023.

[216] Organização Internacional do Trabalho (OIT); Ministério Público do Trabalho (MPT). ABNT **Incluir: o que é, como e por que fazer?** 2021. Disponível em: https://www.ilo.org/brasilia/publicacoes/WCMS_821892/lang--pt/index.htm. Acesso em: Acesso em 30 de outubro de 2023.

Figura 12 – Acessibilidade, Igualdade de Oportunidades e Inclusão: Princípios Interligados na Luta contra a Discriminação

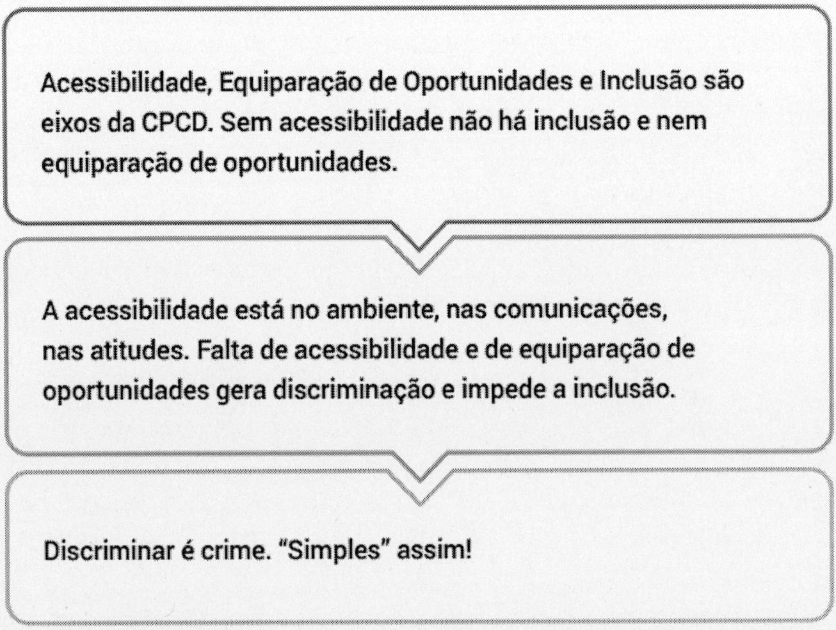

> **Acessibilidade, Equiparação de Oportunidades e Inclusão são eixos da CPCD. Sem acessibilidade não há inclusão e nem equiparação de oportunidades.**

> **A acessibilidade está no ambiente, nas comunicações, nas atitudes. Falta de acessibilidade e de equiparação de oportunidades gera discriminação e impede a inclusão.**

> **Discriminar é crime. "Simples" assim!**

Fonte: Organização Internacional do Trabalho (OIT); Ministério Público do Trabalho (MPT). ABNT **Incluir: o que é, como e por que fazer?**

Vale destacar, novamente, a Convenção nº 111 da OIT, ratificada pelo Brasil em 26 de novembro de 1965 e promulgada por meio do Decreto nº 62.150 de 19 de janeiro de 1968 que explica o termo "discriminação" e diz que o conceito abrange:

a. Qualquer forma de distinção, exclusão ou preferência com base em raça, cor, sexo, religião, opinião política, ascendência nacional ou origem social, que tenha o efeito de prejudicar ou modificar a igualdade de oportunidades ou tratamento no emprego ou profissão.

b. Outras distinções, exclusões ou preferências que tenham o efeito de prejudicar ou modificar a igualdade de oportunidades ou tratamento no emprego ou profissão, que podem ser especificadas pelo Membro Interessado após consulta às organizações representativas de empregadores e trabalhadores, quando aplicável, e outros órgãos apropriados.

Contudo, distinções baseadas em qualificações exigidas para um emprego específico não são consideradas discriminação.

Destarte, urge fazer aqui a diferença entre estigma, estereótipos e preconceito. Conforme Goffman, os estigmas correspondem a identidades que se deterioram devido a influências sociais, representando algo negativo dentro da sociedade e, como resultado, tornando-se objeto de evitação. O estigma, por se assemelhar a uma marca ou rótulo, se destaca notoriamente, tornando-o facilmente identificável.[217]

Quando chegamos ao ponto de identificar alguém com base nesse rótulo, nosso relacionamento passa a ser com a estigmatização, em detrimento da apreciação da individualidade da pessoa.

Conforme Tavares, estereótipos são concepções inflexíveis criadas e perpetuadas pela sociedade em relação à deficiência e às pessoas com deficiência.[218]

Quando se recorre a estereótipos, corre-se o risco de criar uma narrativa simplificada e unidimensional sobre o autismo, que não reflete a complexidade das pessoas autistas. É essencial reconhecer a ampla diversidade dentro do espectro e rejeitar essa representação generalizada perpetuada pela arte e pela mídia.

Em se tratando do preconceito, podemos afirmar que é uma formação prévia de ideias negativas ou positivas em relação a pessoas, lugares ou situações, antes mesmo de qualquer contato ou experiência. Essas ideias preconcebidas resultam em comportamentos discriminatórios.[219]

Em um levantamento conduzido em 2014 pela Catho e iSocial, com o apoio da Associação Brasileira de Recursos Humanos (ABRH), foi constatado que 60% dos 2.949 profissionais de Recursos Humanos entrevistados acreditam que as pessoas com deficiência enfrentam preconceito no ambiente de trabalho, seja proveniente de colegas, gestores ou clientes. [220]

Amaral aponta que o preconceito envolve duas partes essenciais: atitudes pré-existentes, que podem ser favoráveis ou desfavoráveis, e a falta de

---

[217] GOFFMAN, Erving. Estigma: Notas sobre a manipulação da identidade deteriorada. 4ª ed. Rio de Janeiro: LTC, 2013.apud RIBEIRO, Disneylândia Maria. **Barreiras Atitudinais: Obstáculos e Desafios à Inclusão de Estudantes com Deficiência no Ensino Superior.** 2016. p. 57.

[218] TAVARES, Fabiana S.S. **Educação Não Inclusiva: a trajetória das barreiras atitudinais nas dissertações de educação do Programa de Pós-graduação em Educação (PPGE/UFPE).** Dissertação de Mestrado. Recife: UFPE, 2012, p.59.

[219] RIBEIRO, Disneylândia Maria. Barreiras Atitudinais: **Obstáculos e Desafios à Inclusão de Estudantes com Deficiência no Ensino Superior.** 2016. p. 56.

[220] CATHO EMPRESAS. **Soluções em Inclusão Social.** 2014. 29p.

conhecimento real e experiência direta em relação ao objeto do preconceito, juntamente com nossas próprias reações diante dele.[221]

Discorrendo sobre o assunto, Lima e Tavares (2008) sustentam que as barreiras atitudinais, embora não tenham uma natureza concreta em sua definição, manifestam-se através das atitudes individuais de cada pessoa. Elas se materializam como obstáculos de difícil superação, representando um desafio significativo na busca pela inclusão social e educacional das pessoas com deficiência.[222]Portanto, é impraticável enumerar todas as suas formas em um texto legal, pois nem todas as manifestações de barreiras atitudinais estão claramente definidas.

No que diz respeito aos estereótipos mais comuns associados ao universo autista, encontramos: "o estranho", "o gênio da matemática", "o anjo azul", "o robô", "o ingênuo", "o fresco", "o rabugento", "o sem empatia", dentre outros. Essas representações caricatas são amplamente difundidas pela mídia, literatura e teatro, e acabam por influenciar a experiência dos autistas no ambiente de trabalho.

---

[221] AMARAL, Lígia Assumpção. **"Sobre crocodilos e avestruzes: falando de diferenças físicas, preconceitos e sua superação".** In: AQUINO, Julio Groppa (org). **Diferenças e preconceito na escola: alternativas teóricas e práticas.** 9 ed. São Paulo: Summus, 1998. p. 30.

[222] TAVARES, Fabiana S.S. **Educação Não Inclusiva: a trajetória das barreiras atitudinais nas dissertações de educação do Programa de Pós-graduação em Educação (PPGE/UFPE).** Dissertação de Mestrado. Recife: UFPE, 2012, p.17.

Quadro 9 – Taxonomia das Barreiras Atitudinais: Conceituação e Impactos na Inclusão

TAXONOMIA DAS BARREIRAS ATITUDINAIS	CONCEITUAÇÃO
Barreira Atitudinal de Substantivação	É o tratamento da pessoa como um todo deficiente.
Barreira Atitudinal de Adjetivação ou Rotulação	É o uso de rótulos ou atributos depreciativos em função de deficiência.
Barreira Atitudinal de Propagação	É a suposição de que uma pessoa, por ter uma deficiência, tem outras.
Barreira Atitudinal de Estereótipos	A barreira atitudinal de estereótipos é a representação social "positiva" ou "negativa", sobre pessoas com a mesma deficiência.
Barreira Atitudinal de Generalização	É a homogeneização de pessoas baseada numa experiência interacional com um dado indivíduo ou grupo.
Barreira atitudinal de Padronização	É a efetivação de serviços, baseada na experiência generalizada com indivíduo ou grupos de pessoas com deficiência.
Barreira Atitudinal de Particularização	É a segregação das pessoas em função de uma dada deficiência e do entendimento de que elas atuam de modo específico ou particular.
Barreira Atitudinal de Rejeição	É a recusa irracional de interagir com uma pessoa em razão da deficiência.
Barreira Atitudinal de Negação	É quando se nega a existência ou limite decorrente de uma deficiência.
Barreira Atitudinal de Ignorância	É o desconhecimento que se tem de uma dada deficiência, das habilidades e potenciais daquele que a tem.
Barreira Atitudinal de Medo	É quando se tem receio em fazer ou dizer "algo errado" diante da pessoa com deficiência.
Barreira Atitudinal de Baixa Expectativa ou de Subestimação	É o juízo antecipado e sem fundamento de que a pessoa com deficiência é incapaz de fazer algo.
Barreira Atitudinal de Inferiorização	É acreditar na incapacidade das pessoas com deficiência e comparar pejorativamente os resultados das ações de pessoas sem e com deficiência.
Barreira Atitudinal de Menos Valia	É acreditar na incapacidade das pessoas com deficiência e, em consequência, avaliar

	depreciativamente potencialidades e ações por elas desenvolvidas.
Barreira Atitudinal de Adoração do Herói	É a exaltação das pessoas com deficiência e a supervalorização ou superestimação de tudo o que elas fazem, porque delas se espera algo de inferior intensidade.
Barreira Atitudinal de Exaltação do Modelo	É quando se compara a pessoa com e a sem deficiência, usando a primeira como um modelo a ser seguido, em razão da percepção de sua "excepcionalidade" e "superação".
Barreira Atitudinal de Compensação	É quando se favorece, privilegia e paternaliza a pessoa com deficiência com algum bem ou serviço, por piedade e percepção de déficit.
Barreira Atitudinal de Dó ou Pena	É a expressão e/ou atitude piedosa manifesta para com as pessoas com deficiência, restringe-as e mesmo as constrange pelas atitudes que se tem para com elas.
Barreira Atitudinal de Superproteção	É a proteção desproporcional esteada na piedade e na percepção da incapacidade do sujeito de fazer algo ou de tomar decisões em função da deficiência.

Fonte: TAVARES, Fabiana S.S. **Educação Não Inclusiva: a trajetória das barreiras atitudinais nas dissertações de educação do Programa de Pós-graduação em Educação (PPGE/UFPE).** Dissertação de Mestrado. Recife: UFPE, 2012.

As características e atributos depreciativos associados às pessoas com deficiência ao longo de diferentes contextos históricos desencadearam um processo de categorização e segregação desses indivíduos, influenciando profundamente as práticas sociais e educacionais até os dias atuais. Essa dinâmica resultou na concepção de desvio, desequilíbrio e desvantagem, termos que passaram a estigmatizar certos indivíduos.

Os ditos "normais" são aqueles que se ajustam aos padrões socialmente aceitos, conforme definidos pelo discurso científico, médico e midiático. Por outro lado, os "anormais", "desviantes" e "estigmatizados" são incorporados a um grupo marginalizado, cujas identidades sociais são formadas com base em estigmas e características indesejáveis, resultado da percepção de diferença.[223]

Os trabalhadores com deficiência devem ter suas habilidades avaliadas da mesma forma que os trabalhadores sem deficiência, considerando critérios de acessibilidade estabelecidos nas legislações. A luta contra as barreiras atitudinais não deve se limitar à contratação, mas também envolver a aceitação e integração de indivíduos diferentes em vários espaços da sociedade. Nesse contexto, é crucial combater preferências por deficiências consideradas "menos severas", estereótipos que associam funções a tipos de deficiência e a falta de oportunidades de promoção para essas pessoas no ambiente de trabalho.[224]

Com base na tabela a seguir, é evidente que as pessoas com deficiência têm uma seleção limitada de oportunidades no mercado de trabalho, predominantemente ocupando posições relacionadas a funções de escritório, como assistente administrativo e auxiliar de escritório. Além disso, um número considerável de pessoas com deficiência trabalha como alimentador de linha de produção, desempenhando um papel importante na indústria, ou em funções como faxineiro, repositor de mercadorias e embalador, que são comuns em setores de prestação de serviços e comércio. Também há aqueles que atuam como vendedores, operadores de caixa e recepcionistas.[225]

É importante destacar que todas as profissões são dignas, porém, idealmente, as pessoas com deficiência deveriam ter a oportunidade de crescer e acessar uma variedade mais ampla de funções, superando as barreiras atitudinais que impedem a igualdade de direitos.

---

[223] RIBEIRO, Disneylândia Maria. **Barreiras Atitudinais: Obstáculos e Desafios à Inclusão de Estudantes com Deficiência no Ensino Superior.** 2016. p. 55

[224] LEITE, Fernanda Menezes. **Mercado De Trabalho E Pessoas Com Deficiência.** 1ª edição. Rio de Janeiro: Lumen Juris, 2019, p.115.

[225] DIEESE. **Inclusão da pessoa com deficiência no mercado de trabalho.** Nota Técnica, número 246, 20 de novembro de 2020. Disponível em: https://www.dieese.org.br/notatecnica/2020/notaTec246InclusaoDeficiencia. pdf. Acesso em 7 de novembro de 2023.

Quadro 10 – Distribuição dos Vínculos de Emprego por Ocupação para Pessoas com Deficiência no Brasil

Ocupação	Nº Vínculos	%
Auxiliar de Escritório, em Geral	43.907	8,4%
Assistente Administrativo	38.992	7,4%
Faxineiro(a)	23.675	4,5%
Alimentador de Linha de Produção	22.237	4,2%
Repositor de Mercadorias	18.032	3,4%
Embalador, a Mao	13.159	2,5%
Almoxarife	9.663	1,8%
Vendedor de Comercio Varejista	8.113	1,5%
Operador de Caixa	8.055	1,5%
Recepcionista, em Geral	7.248	1,4%
Demais ocupações	330.350	63,1%
TOTAL	523.431	100,0%

Fonte: DIEESE. **Inclusão da pessoa com deficiência no mercado de trabalho.** Nota Técnica, número 246, 20 de novembro de 2020

Em um cenário onde a inclusão e a equidade desempenham papéis centrais no ambiente de trabalho, a superação das barreiras atitudinais é essencial para garantir um espaço verdadeiramente inclusivo para colaboradores com Transtorno do Espectro Autista (TEA). Medidas que buscam compreender e adaptar o ambiente laboral são essenciais para acolher e promover a participação plena desses indivíduos.

Apresentaremos a seguir um quadro listando estratégias concretas, como capacitação, adaptação das tarefas e comunicação. Essas estratégias têm como objetivo superar as barreiras existentes, permitindo uma compreensão mais ampla das necessidades específicas dos autistas e promovendo um ambiente mais acolhedor e produtivo. Assim:

Quadro 11 – Estratégias de Inclusão para Colaboradores Autistas

Capacitação e Sensibilização	I Treinamento no ambiente de trabalho para compreender peculiaridades do autismo, como hiperfoco, rigidez cognitiva, fala verborrágica e ecolalia.
	II Esclarecimento sobre estereotipias e interpretação literal de instruções.
	III Ênfase especial aos gestores para facilitar compreender o autismo.

Atribuição de Tarefas Personalizadas	I Tarefas adaptadas às necessidades individuais de cada colaborador com TEA
	II Suporte especial durante períodos de sobrecarga emocional ou sensorial.
Vencendo a Barreira Comunicacional	I Evitar exigir interações sociais desafiadoras e que não fazem parte da rotina do trabalhador autista.
	II Recomendação de evitar atividades como atendimento ao público ou realização de chamadas por telefone ou WhatsApp, se não for primordial.
	III Antecedência razoável para solicitação de reuniões presenciais.
Clareza na distribuição das tarefas	I Linguagem clara e objetiva nas instruções de trabalho.
	II Enfatizar quais são as prioridades nas tarefas encaminhadas.
	III Fracionamento ou apresentação de uma tarefa por vez, se possível.
Identificação e Respeito à Autonomia	I Opção de identificar o autismo no crachá, se solicitado pelo colaborador.
	II Respeito à decisão de divulgação dessa informação.
	III Utilização de crachás específicos para identificar a deficiência, se desejado.

Fonte: elaboração própria

É preciso ressaltar que o olhar desdenhoso ou irônico de um colega ao presenciar estereotipias de um autista no trabalho só atrasa ainda mais a inserção das pessoas autistas nesse ambiente, visto que tal atitude perpetua estigmas e cria um ambiente desfavorável à aceitação e inclusão, podendo, inclusive, desencadear depressão na pessoa estigmatizada.

Compreender a importância da educação corporativa se torna fundamental para transformar essas atitudes negativas e criar um ambiente de trabalho mais inclusivo.

Através de programas de capacitação, workshops e treinamentos específicos sobre o transtorno do espectro autista, os colaboradores e líderes desenvolvem uma mentalidade mais empática, compreendendo melhor as características, necessidades e habilidades dos colegas autistas.

Essa conscientização ajuda a desmistificar estereótipos e a promover uma cultura de aceitação e valorização da diversidade no ambiente corporativo. Além disso, a educação corporativa oferece ferramentas para identificar e abordar situações de estigma ou discriminação, evitando que essas atitudes prejudiquem a inclusão e o bem-estar dos profissionais autistas.

A partir do Manual elaborado pelo Conselho Nacional de Justiça (CNJ), destacamos algumas orientações-chave para um ambiente de trabalho inclusivo:

Quadro 12 – Orientações para Ambiente de trabalho inclusivo para pessoas com TEA

Comunicação Efetiva	I Utilizar linguagem clara e evitar figuras de linguagem/sarcasmo.
	II Fornecer instruções explícitas e métodos de execução claros de instruções.
	III Manter um tom de voz amigável e dar tempo para entendimento.
	IV Oferecer alternativas de comunicação (escrita, imagens. etc.).
	V Estar preparado para comportamentos comuns do autismo.
Atenção e Previsibilidade	I Antecipar eventos importantes e fornecer roteiros detalhados.
	II Utilizar recursos visuais para facilitar a compreensão.
	III Priorizar horários e atendimento virtual para pessoas autistas.
Acomodações Sensoriais	I Oferecer ambientes separados com menor estímulo visual e sonoro.
	II Limitar a presença de pessoas durante atividades importantes.
	III Permitir o uso de fones de ouvido ou objetos confortáveis.
Situações Adversas e Crises	I Oferecer ambiente seguro e calmo durante crises.
	II Evitar argumentar ou ameaçar, mantendo empatia e calma.
	III Identificar necessidade de auxílio médico ou familiar.
Outras Sugestões	I Evitar tratar como surpresa atos de independência pessoal.
	II Prevenir tratamento capacitista ou infantilização na comunicação.
	III Simplificar e flexibilizar protocolos em casos pontuais.

Fonte: CONSELHO NACIONAL DE JUSTIÇA. **Manual de Atendimento a Pessoas com Transtorno do Espectro Autista.** Disponível em: https://www.cnj.jus.br/wp-content/uploads/2023/04/manual-de-atendimento-a-pessoas-com-transtorno-do-espectro-autista-final-23-05-22.pdf

Nessa esteira, vale lembrar da importância das entrevistas inclusivas durante o processo de recrutamento do autista. Nas entrevistas inclusivas existe a preocupação em criar um ambiente que seja acolhedor, justo e acessível a todos os candidatos, independentemente de sua origem, identidade, habilidades ou características pessoais. Isso inclui a conscientização e a eliminação de preconceitos, estereótipos e discriminação durante esse processo.

As recomendações da "Nacional Autist Society" permitem uma experiência mais acessível durante as entrevistas e ajudam a criar um espaço onde os candidatos autistas se sintam valorizados e compreendidos desde o primeiro contato, garantindo oportunidades equitativas e a quebra de barreiras desde a fase inicial de seleção. O quadro abaixo ilustra as recomendações sugeridas durante essa temida etapa que reprova a maioria dos autistas[226]:

Quadro 13 – Orientações para Entrevistas Inclusivas

Antecipação na Preparação	- Ofereça as perguntas da entrevista com pelo menos dois dias de antecedência para permitir ao candidato tempo suficiente para se preparar.
Informações Claras e Visuais	Fornecer orientações visuais e escritas claras sobre a entrevista, incluindo mapas do local, fotos da entrada do prédio (como "Google Street View") e detalhes sobre o procedimento de chegada ao local da entrevista.
Detalhes sobre a Entrevista	- Forneça informações sobre quem estará no painel da entrevista, com fotografias, e explique o papel de cada pessoa durante a entrevista. Apresente um cronograma claro dos eventos durante o tempo designado.
Ambiente Adequado	- Disponibilize um espaço tranquilo e calmo para o candidato esperar antes da entrevista, minimizando a presença de outros visitantes ou funcionários para reduzir estímulos sensoriais desnecessários.
Perguntas Específicas e Evitar Generalidades	- Evite perguntas genéricas e prefira questões específicas baseadas nas experiências anteriores do candidato para obter respostas mais direcionadas e informativas.
Sensibilidade à Comunicação Literal	- Esteja ciente de que o candidato pode interpretar perguntas de forma literal e, portanto, é crucial utilizar uma linguagem clara e direta.
Adaptação ao Contato Visual e Pausas Adequadas	- Reconheça que o contato visual pode variar entre fugaz e prolongado, dependendo do indivíduo. Ofereça pausas adequadas durante entrevistas longas e incentive o candidato a fazer uma pausa quando necessário.

---

[226] **AUTISM. Employing autistic people: Guidance for employers**. Disponível em: https://www.autism.org.uk/advice-and-guidance/topics/employment/employing-autistic-people/employers. Acesso em 7 de novembro de 2023.

| Uso de Anotações durante a Entrevista | - Incentive e permita que o candidato se refira às anotações feitas durante a entrevista para facilitar a comunicação e a expressão. |

Fonte: elaboração própria com base no Employing autistic people: Guidance for employers

Portanto, tendo como base o que foi discutido, fica evidente a importância de implementar políticas antidiscriminatórias, promover conscientização, oferecer apoio, adaptações e divulgar informações sobre o Transtorno do Espectro Autista, tanto no ambiente de trabalho quanto fora dele.

4.3.2.4 Teletrabalho e a inclusão dos autistas no mercado de trabalho

A figura a seguir nos mostra as fases do processo de inclusão das pessoas com deficiência no mercado de trabalho:

Figura 13 – Fases do processo de inclusão das pessoas com deficiência no mercado de trabalho

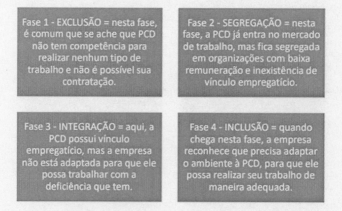

Fonte: SIMONELLI, A. P.; CAMAROTTO, J. A. **As políticas brasileiras e internacionais de incentivo ao trabalho de pessoas com deficiência: uma reflexão** / The Brazilian and international policies to incentive to work for people with disabilities: a reflection. Cadernos Brasileiros de Terapia Ocupacional, [S. l.], v. 19, n. 3, 2011

Infelizmente, é mais frequente que, inicialmente, todas as empresas estejam na fase 1 e, ao atender às exigências legais, progridam automaticamente para a fase 3. Nesse estágio, elas reconhecem que sua estrutura não satisfaz adequadamente as necessidades das pessoas com deficiência. Em resumo, é preciso iniciar o processo de inclusão, mesmo que a princípio haja algum tipo de resistência, para só então, após a implementação, perceber na fase 4 a necessidade de realizar ajustes.

Dentro dos ajustes adicionais da fase 4, entra a questão da adaptação sensorial para os trabalhadores autistas, conforme explicamos a necessidade no tópico anterior.

Entretanto, mesmo diante das adaptações sensoriais desejadas no ambiente de trabalho, alguns autistas, especialmente aqueles com um nível de suporte mais elevado ou com comorbidades mais significativas, que impactam consideravelmente na qualidade de vida e na interação com o mundo exterior, podem encontrar dificuldades em trabalhar e manter um estado de saúde ideal.

É nesse cenário, que o teletrabalho aparece como uma excelente ferramenta de inclusão.

Conforme a definição da Organização Internacional do Trabalho (OIT), o teletrabalho é caracterizado como uma modalidade de trabalho executada em um local distante da sede da empresa ou do centro de produção. Essa prática envolve a utilização de uma nova tecnologia (telemática) que viabiliza a separação física e facilita a comunicação.

Lima e Lima ensinam que

> Teletrabalho é uma espécie do gênero trabalho a distância, cuja espécie mais antiga é o trabalho em domicílio. O seu conceito ainda está em construção, visto que a tecnologia avança mais rápido que sua apreensão pelo espírito. Contudo, já é possível delimitar-lhe o sentido assim: teletrabalho é uma forma de trabalho a distância, exercido mediante o emprego de recursos telemáticos em que o trabalhador sofre o controle patronal.[227]

Quanto à nomenclatura, "teletrabalho" deriva do grego "tele", que significa "longe" ou "distância", e "trabalho", referente à "atividade profissional". É um neologismo que descreve a realização de atividades profissionais à distância, utilizando recursos tecnológicos de comunicação e informação. Esse termo diz respeito à prática de substituir o deslocamento diário para o local de trabalho na sede da empresa. Trata-se de um novo modelo de

---

[227] LIMA, Francisco Meton Marques de; LIMA, Francisco Péricles Rodrigues Marques de. **Reforma trabalhista: entenda ponto por ponto**. São Paulo: LTr, 2017, p; 45.

prestação de trabalho, caracterizado por sua natureza atípica, remota, descentralizada, externalizada e flexível, utilizando as ferramentas da telemática. A pessoa que realiza o teletrabalho é comumente chamada de trabalhador digital ou teletrabalhador.[228]

Cumpre ressaltar também o conteúdo da Recomendação nº 184 da OIT que, de acordo com Kinpara e Moreira, aborda diversas diretrizes. Entre elas, estão definições e o âmbito de aplicação do trabalho a domicílio, disposições gerais, métodos de controle do teletrabalho, idade mínima para o trabalho a domicílio, direito à sindicalização e negociação coletiva, remuneração, segurança e saúde no ambiente de trabalho, horas extras, períodos de descanso, feriados, férias e licenças médicas, seguro social e proteção à maternidade, rescisão do contrato do trabalhador a domicílio, soluções para conflitos, programas de promoção do teletrabalho por organizações de empregadores e trabalhadores e acesso à informação. Essa recomendação serve como um complemento à Convenção nº 177, facilitando sua implementação pelos Estados signatários.[229]

Embora não tenha sido ratificada pelo Brasil, a Convenção nº 177 da OIT é um referencial regulatório internacional para o trabalho em domicílio e, por extensão, para o teletrabalho. Composta por dezoito artigos, essa convenção estabelece importantes princípios, promovendo a igualdade entre os trabalhadores, assegurando proteção em relação à segurança e saúde no trabalho e proibindo a discriminação ocupacional.[230]

Em se tratando da legislação nacional, essa modalidade de trabalho à distância foi inserida dentro da Reforma Trabalhista – ocasião em que foi adicionado o Capítulo II-A, responsável por abordar a modalidade contratual do teletrabalho que, conforme o art. 75-B, refere-se à "prestação de serviços preponderantemente fora das dependências do empregador, com a utilização de tecnologias de informação e comunicação que, por sua natureza, não se constituam como trabalho externo"

---

[228] CALVO, Adriana. **Manual de direito do trabalho.** São Paulo: Saraiva Educação, 2019, p. 34

[229] KINPARA, Lucas Kouji; MOREIRA, Pedro Augusto Vecchi. **Perspectivas do teletrabalho como forma de harmonização do interesse de empregados e empregadores.** Revista do Tribunal Superior do Trabalho, São Paulo, v. 85, n. 1, p. 94, jan./mar. 2019.

[230] DELGADO, Mauricio Godinho. **Curso de Direito do Trabalho.** 16. ed. São Paulo: LTr, 2017, p. 250 *apud* GALIZA, Lucas Gonçalves de. **Teletrabalho e a Convenção nº 177 da OIT: os limites e desafios da reforma trabalhista para a proteção do trabalhador brasileiro,** p. 26, 2021.

O teletrabalho supera as limitações geográficas, integrando o trabalhador com deficiência ao mercado de trabalho e eliminando desafios de deslocamento e adaptação no ambiente de trabalho.

No caso da maioria dos autistas, o teletrabalho representa a oportunidade de ingressar efetivamente no mercado de trabalho. Essa alternativa preserva a saúde física e mental dessas pessoas, uma vez que a ausência da necessidade de deslocamento até o local de trabalho evita sobrecargas causadas pelo trânsito, luzes, sons e odores. Além disso, considerando que uma parte dos autistas apresenta hipersensibilidade vestibular, a possibilidade de evitar o movimento de carro ou ônibus reduz a probabilidade de enfrentarem enjoos e tonturas.

Nesse contexto, as empresas cumprem com sua responsabilidade social ao promover a inclusão das pessoas com deficiência, especialmente autistas, por meio do teletrabalho. Essa estratégia possibilita que as tarefas sejam realizadas em um ambiente residencial adaptado às necessidades específicas desses profissionais, minimizando os riscos de adoecimento.

É interessante notar que ao trabalhar em casa, os autistas conseguem evitar uma exposição sensorial intensa e a sobrecarga associada ao ambiente de trabalho. Além disso, têm a possibilidade de gerenciar melhor sua rotina, evitando interferências ou mudanças repentinas que poderiam desencadear crises. Destaca-se ainda que a redução da interação social contribui para minimizar o estresse associado a esse tipo de comunicação - que apenas realça a sua deficiência e traz prejuízos cotidianos.

Nessa perspectiva, Silva e Gilio, afirmam, categoricamente, que "o ciberespaço não cria óbice para o deficiente (*sic*), permitindo que ele perceba que não está limitado à deficiência além de ser um aliado garantindo a inserção ou manutenção do trabalhador deficiente (*sic*) no mercado de trabalho, incluindo-o socialmente passando a ser visto como útil para a sociedade e não como mero assistencialismo".[231]

Por todo exposto nesse e nos tópicos anteriores, fica evidente que o ODS-8 poderá ser materializado a partir da contratação das pessoas com deficiência no regime de teletrabalho.

Nesta perspectiva, o teletrabalho proporciona ao indivíduo com deficiência a oportunidade de conquistar autonomia, liberdade e participação ativa na sociedade. Dentro das fronteiras de suas limitações, há espaço para

---

[231] SILVA, W. R. L.; GILIO, L. **O teletrabalho como política pública de inclusão social das pessoas com deficiência no Brasil. Cadernos de Direito**, Piracicaba, v. 19, n. 37: p. 201, jul.-dez. 2020.

o desenvolvimento de suas competências profissionais. A ênfase principal recai na promoção da valorização e respeito à dignidade humana do teletrabalhador, alinhando-se aos preceitos constitucionais

4.3.2.5 Políticas públicas: efetividade da lei de cotas e qualificação profissional dos autistas

Até este ponto, discutimos a questão da acessibilidade e a invisibilidade do adulto autista, além da adaptação sensorial no ambiente de trabalho e das barreiras atitudinais associadas. Concluiremos nosso estudo com algumas observações sobre como aprimorar as políticas governamentais para efetivar a lei de cotas e melhorar a qualificação profissional dos autistas.

Com base nos estudos analisados em outros tópicos, torna-se evidente que o setor produtivo enfrenta um peso ao conciliar a livre iniciativa, os valores sociais do trabalho, o direito fundamental do trabalho e o direito de propriedade, mesmo quando este último está sujeito à sua função social. Isso gera uma tensão com o princípio da proporcionalidade, que se pauta na minimização das restrições aos direitos fundamentais e na consideração de todos os interesses envolvidos. Nesse contexto, a implementação de políticas de incentivos econômicos não só aliviaria os encargos das empresas, mas também facilitaria a promoção de ações afirmativas.[232]

Seguindo essa linha de pensamento, Leite acrescenta:

> Outra medida que poderia ser implementada consiste na redução de alíquotas de impostos para a empresa na aquisição de bens ou instrumentos de trabalho voltados ao atendimento da acessibilidade da pessoa com deficiência (tecnologia assistivas). Da mesma forma, a disponibilização de linhas de créditos de recursos públicos destinados à compra/financiamento de equipamentos e adequação do meio ambiente de trabalho.[233]

As leis de incentivo fiscal, assim como qualquer medida dessa natureza, representam uma ferramenta governamental utilizada para promover atividades específicas durante um período determinado. Esses benefícios fiscais têm como propósito fomentar o progresso e a execução de projetos por meio da renúncia de impostos.

---

[232] SIGOLO, Leonardo Corrêa. **A Contratação do Aprendiz com Deficiência**. São Paulo: LTr, 2013. p. 51.

[233] LEITE, Fernanda Menezes. **Mercado De Trabalho E Pessoas Com Deficiência**. 1, ed. Rio de Janeiro: Lumen Juris, 2019, p.170.

No estudo realizado por Laraia, são propostas algumas medidas para melhorar a efetividade da Lei de Cotas:

> a) a implementação de incentivos fiscais, tais como dedução de um percentual nos impostos sobre os lucros e capitais ou dedução no percentual da contribuição previdenciária patronal; b) a criação de subsídios para que a empresa com mais de 100 funcionários possa providenciar a adequação do mobiliário e equipamentos para receber a pessoa com deficiência; c) a criação de subsídios para que a empresa com mais de 100 funcionários possa promover cursos de aperfeiçoamento e treinamento profissional; d) a necessidade do cumprimento da cota para que as empresas possam participar de licitações ou para que consigam obter financiamentos públicos; 182 e) a implementação de política de incentivo à contratação, através de bônus, prêmios e deduções fiscais[234]

Ainda dentro dessa perspectiva, a implementação de incentivos econômicos e isenções pode motivar os empregadores a apoiar a inclusão das pessoas com deficiência no mercado de trabalho.

Além disso, o artigo 22, parágrafo 4º, da Lei 8212/1991 prevê que o Chefe do Poder Executivo Federal, ouvido o Conselho Nacional da Seguridade Social, tem a autorização para desenvolver estratégias de apoio às empresas que contratam indivíduos com deficiência.

Salienta-se que encontrar candidatos com deficiência é uma grande dificuldade adicional para as empresas. Em diversas cidades, não existe um registro específico ou uma instituição dedicada à formação e inclusão de pessoas com deficiência. Mesmo com os esforços das empresas para contratar, frequentemente não conseguem localizar candidatos com deficiência, o que torna o processo mais complexo e, em muitos casos, inviabiliza a inclusão.[235]

Nesse sentido, é primordial estabelecer um amplo banco de currículos, abrangendo tanto o âmbito regional quanto o nacional, com o propósito de suprir a demanda das empresas que buscam candidatos com deficiência. Tal iniciativa proporcionaria um meio eficaz de comunicação, facilitando a interação entre as empresas em busca de cumprir as cotas legais de contratação e as pessoas com deficiência que procuram oportunidades de emprego.

---

[234] LARAIA, Maria Ivone Fortunato. **A pessoa com deficiência e o direito ao trabalho**. 2009. 197 p. Dissertação (Mestrado em Direito) – Pontifícia Universidade Católica de São Paulo, São Paulo, 2009, p;181.

[235] SILVA, Alice Gerlane Cardoso da. **Inclusão do Portador de Deficiência no Mercado de Trabalho: Uma Análise sob Enfoque Adaptativo das Políticas de Recursos Humanos em Quatro Indústrias de Campina Grande – PB. Relatório de Pesquisa** (Bacharelado em Administração) – Universidade Federal de Campina Grande, Paraíba, 2010. 82 f.

No início desse capítulo e no anterior, destacamos que possuímos legislações que são consideradas bastante progressistas no que diz respeito à inclusão de pessoas com deficiência no mercado de trabalho. No entanto, é imperativo intensificar a fiscalização dessas leis a fim de efetivamente concretizar a inclusão.

Embora a Lei de Cotas tenha impulsionado avanços significativos na contratação desses profissionais, é claro que simplesmente alcançar as metas quantitativas estabelecidas não é suficiente para garantir uma inclusão verdadeira e abrangente. O objetivo essencial da referida lei vai além da mera contratação de um número específico de pessoas com deficiência. Trata-se de criar um ambiente de trabalho inclusivo, onde cada indivíduo possa contribuir com suas habilidades únicas, ser valorizado e ter igualdade de oportunidades.

Nesse cenário, torna-se premente assegurar uma formação profissional para pessoas no espectro autista, proporcionando-lhes as habilidades necessárias para alcançar qualquer cargo no mercado de trabalho. Além disso, também urge direcionar atenção à acessibilidade nas instituições educacionais, visando a inclusão efetiva desses indivíduos.

A Carta Magna de 1988 assegura o direito à educação das pessoas com deficiência, enfatizando a relevância do atendimento educacional especializado para esse segmento, preferencialmente no contexto das escolas regulares. Outras normativas que abordam esse direito incluem o Estatuto da Pessoa com Deficiência e a Lei Berenice Piana, discutidos no capítulo anterior.

Ressalta-se que a acessibilidade vai além das estruturas físicas das escolas, abarcando também o acesso a um ensino com um plano pedagógico adequado, o uso de tecnologias assistivas e, sobretudo, a convivência de alunos com e sem deficiência no mesmo ambiente escolar. Esse conceito é conhecido como inclusão social.[236]

Mamoru, sobre o assunto, nos explica:

> Nesse sentido, as escolas públicas e privadas devem oferecer serviços e recursos de acessibilidade que eliminem as barreiras e promovam a inclusão plena. Por barreiras entende-se qualquer tipo de entrave, obstáculo, atitude ou comportamento que limite ou impeça a participação social do aluno

---

[236] NISHIYAMA, Adolfo Mamoru. **O Direito das Pessoas com Deficiência à Educação: A Acessibilidade como Instrumento do Exercício da Cidadania**. Revista dos Tribunais, vol. 1035, ano 111, p. 57-73. São Paulo: Ed. RT, janeiro 2022.

com deficiência, bem como o gozo, a fruição e o exercício de seus direitos à acessibilidade, à liberdade de movimento e expressão, à comunicação, ao acesso à informação, à compreensão, à circulação com segurança, entre outros (art. 3º, inciso IV, do Estatuto). Essa acessibilidade na educação é possível com o desenvolvimento de novos métodos e técnicas pedagógicas, de materiais didáticos, de equipamentos e de recursos de tecnologia assistiva.[237]

Em tempo, salienta-se que a criança neurotípica aprende com extrema facilidade a vestir-se, a lavar-se, a comer e muitas outras ações cotidianas que são assimiladas de forma natural no convívio familiar e escolar. No entanto, a criança ou adolescente autista enfrenta consideráveis desafios na execução dessas tarefas comuns da vida diária. É necessário ensinar-lhes habilidades básicas e rotineiras. Torna-se, portanto, fundamental que a escola forneça o suporte necessário para superar os obstáculos que os tornam dependentes.[238]

Nesse sentido, Cunha nos ensina que:

O primeiro passo para a construção de um currículo escolar para o aprendente autista é a avaliação para saber quais habilidades necessitam ser conquistadas. Ele deve desenvolver aptidões básicas, motoras e acadêmicas. Em uma criança típica, alguns detalhes nem sempre se avaliam, como contato ocular, interação espontânea, respostas a estímulos afetivos. Na incidência do autismo, no mais das vezes, as habilidades naturais devem ser priorizadas.[239]

Entre as demandas mais urgentes para fortalecer o processo de inclusão, destaca-se a necessidade de capacitar os professores. Há um consenso de que é essencial que os educadores estejam mais bem preparados para impulsionar essa reforma educacional. A falta de preparo dos professores é frequentemente apontada como um dos principais obstáculos para uma educação inclusiva, resultando em uma lacuna entre os educadores e os alunos que não se encaixam nos "padrões de ensino e aprendizado" da escola.[240]

Santos nos ajuda a esclarecer esse aspecto que precisamos superar para alcançar a inclusão:

---

[237] *Ibid.*

[238] CUNHA, Eugênio. **Autismo e Inclusão: Psicopedagogia Práticas Educativas na Escola e na Família.** 4. ed. Rio de Janeiro: Wak Ed., 2012. p. 59.

[239] *Ibid.*, p. 61.

[240] PAULON, Simone Mainieri; FREITAS, Lia Beatriz de Lucca; PINHO, Gerson Smiech. **Documento Subsidiário à Política de Inclusão**. Brasília: Ministério da Educação, Secretaria de Educação Especial, 2005. p. 28.

> A escola recebe uma criança com dificuldades em se relacionar, seguir regras sociais e se adaptar ao novo ambiente. Esse comportamento é logo confundido com falta de educação e limite. E por falta de conhecimento, alguns profissionais da educação não sabem reconhecer e identificar as características de um autista, principalmente os de alto funcionamento, com grau baixo de comprometimento. Os profissionais da educação não são preparados para lidar com crianças autistas e a escassez de bibliografias apropriadas dificulta o acesso à informação na área.[241]

Defendemos igualmente a criação de salas de aula com um número limitado de alunos, permitindo assim que o professor possa oferecer o apoio necessário a todos, independentemente de serem crianças ou adolescentes com ou sem deficiência.

Adicionalmente, a redução do número de alunos terá um impacto considerável na diminuição do ruído presente na sala de aula. Recomendamos também a adoção de uma iluminação mais suave nos ambientes escolares e a substituição da campainha barulhenta que marca o início e o fim das aulas por uma música tranquila. Assim, é de suma importância a compreensão de que a modificação do currículo pedagógico não será suficiente se a questão sensorial não for abordada de forma adequada.

Seguindo essa perspectiva, a Comissão de Educação da Câmara dos Deputados aprovou o Projeto de Lei 2093/22, o qual estabelece que as instituições de ensino devem trocar os sinais sonoros por sinais musicais personalizados para atender às exigências dos alunos com Transtorno do Espectro Autista (TEA). O propósito dessa medida é prevenir qualquer desconforto sensorial ou episódios de pânico para esses estudantes.[242]

Considerando ainda o aspecto sensorial, seria benéfico para a saúde dos autistas criar dentro da escola, um ambiente reservado onde possam fazer suas refeições sem serem perturbados pelo excesso de ruídos, luzes, contatos físicos e interações sociais indesejadas, caso optem por isso.

Por último, no que diz respeito às práticas educacionais, destacamos que o estímulo ao uso da tecnologia assistiva (TA) representa uma estratégia valiosa nos processos de ensino e aprendizagem para indivíduos com

---

[241] SANTOS, Ana Maria Tarcitano. **Autismo: Um Desafio na Alfabetização e no Convívio Escolar**. São Paulo: CRDA, 2008. p. 9.

[242] CÂMARA DOS DEPUTADOS. **Comissão aprova obrigação de escolas mudarem sinais sonoros para evitar incomodos a alunos autistas**. Disponível em: https://www.camara.leg.br/noticias/972397-comissao--aprova-obrigacao-de-escolas-mudarem-sinais-sonoros-para-evitar-incomodos-a-alunos-autistas/. Acesso em: 06/11/2023.

Transtorno do Espectro Autista (TEA). Quando integradas à dinâmica da educação especial, essas ferramentas ampliam a autonomia dos estudantes e facilitam a absorção dos conteúdos em diferentes contextos educacionais. Além disso, a tecnologia assistiva oferece a flexibilidade necessária para personalizar o processo de aprendizagem, atendendo às necessidades específicas dos alunos com TEA, resultando em uma educação mais inclusiva e eficaz.

Diante dessa perspectiva, França e Pinho, citados por Bastos, nos mostram que o Atendimento Educacional Especializado (AEE) deve criar métodos e atividades que possibilitem aprimorar as áreas em que os estudantes enfrentam desafios, tais como comportamento, comunicação e interação social. Isso exige uma abordagem consistente, alinhada com as características do TEA e com abordagens educacionais que reconheçam o estudante como um construtor de conhecimento, inserido em contextos históricos e sociais.[243]

Nesta toada, Bastos nos explica:

> Diante dessas necessidades dos estudantes com TEA, é necessário capacitar os docentes para o AEE de forma abrangente, principalmente na área das tecnologias assistivas, uma vez que tais profissionais precisam ser especializados para compreender e acompanhar o desenvolvimento pedagógico e cognitivo desses estudantes, garantindo sua inclusão na educação regular.[244]

A tecnologia assistiva é um conceito recente que, de acordo com Silva, engloba suportes, dispositivos, serviços, estratégias e abordagens desenvolvidas e utilizadas com o propósito de reduzir as barreiras enfrentadas por indivíduos com deficiências.[245]

Assim, molda-se como um domínio de conhecimento no qual diversos profissionais colaboram para otimizar os serviços e as abordagens, abrangendo várias categorias de tecnologia assistiva, de acordo com seus objetivos específicos. A seguir, são apresentadas onze categorias de tecnologia assistiva propostas por Sartoretto e Bersch.[246]

---

[243] FRANÇA, G.; PINHO, K. R. **Autismo: Tecnologias e Formação de Professores para a Escola Pública. i-Acadêmica**, 2020. P. 66. *apud* BASTOS, Edleni. **Tecnologias Assistivas em Sala de Recursos Multifuncionais, para Acessibilidade dos Estudantes com Transtorno do Espectro Autista. Florida – USA**, 2022. p. 45.

[244] *Ibid.*

[245] SILVA, Gilda Pereira da. **Tecnologia Assistiva como Apoio à Ação Docente**. 2012. Dissertação (Mestrado em Educação) – Universidade do Oeste Paulista, Presidente Prudente, 2012. p. 36.

[246] RODRIGUES, Graciela Fagundes; SOARES COUTINHO, Kátia. **Tecnologia Assistiva para Inclusão Laboral: o que a internet tem a oferecer?** Revista Observatório, v. 4, n. 3, p. 54–84, 2018. DOI: 10.20873/uft.2447-4266.2018v4n3p54. Disponível em: https://sistemas.uft.edu.br/periodicos/index.php/observatorio/article/view/4112. Acesso em: 6 nov. 2023.

Quadro 14 – Recursos de Tecnologia Assistiva para Inclusão Laboral

Auxílios para a vida diária	produtos para atividades do dia a dia como: talheres adaptados, utensílios para o dia a dia (alimentação, higiene e vestuário).
Comunicação Alternativa (CA)	recursos que podem ser eletrônicos ou não, como fotos, fichas para comunicação, pranchas, pastas, vocalizadores, *softwares*, objetos concretos e reais que auxiliam na comunicação tanto expressiva quanto receptiva.
Recursos de acessibilidade ao computador	equipamentos de entrada e saída (síntese de voz, Braille), mouse e teclados adaptados, ponteiras de cabeça, acionadores, softwares especiais como leitores e ampliadores de tela.
Sistemas de controle de ambiente	sistemas eletrônicos que permitem às pessoas com limitações moto-locomotoras, controlar remotamente aparelhos eletroeletrônicos, acionadores de luz, campainhas, etc.
Projetos arquitetônicos para acessibilidade	acessibilidade nas edificações (residências, espaços públicos e privados, locais de trabalho), rampas, elevadores, bebedouros acessíveis, banheiros adaptados, piso tátil.
Órteses e próteses	recursos que auxiliam na funcionalidade de membros ausentes ou com comprometimento (talas, prótese de perna, braço, mãos, etc.).
Adequação postural	coletes posturais, estabilizadores de movimento, encostos anatômicos, almofadas para posicionamento adequado;
Auxílios de mobilidade	cadeira de rodas manuais e motorizadas, andadores; elevadores e demais equipamentos que promovam a mobilidade de pessoas com deficiência e/mobilidade reduzida.
Auxílios para cegos ou com visão subnormal	audiodescrição, despertadores com áudio, relógios com vocalizadores, lentes, lupas, livros em áudio, cão-guia; material ampliado ou em Braille.
Auxílios para surdos ou com déficit auditivo	despertadores com vibração, *closeup caption*, aparelhos auditivas, sistema FM.
Adaptações em veículos	elevadores para cadeira de rodas, equipamentos que permitem a condução do veículo por pessoas com deficiência, como câmbio automático, pedais alternativos, etc.

Fonte: RODRIGUES, Graciela Fagundes; SOARES COUTINHO, Kátia. **Tecnologia Assistiva para Inclusão Laboral: o que a internet tem a oferecer?** Revista Observatório, v. 4, nº 3, p. 54–84, 2018. DOI: 10.20873/uft.2447-4266.2018v4n3p54. Disponível em: https://sistemas.uft.edu.br/periodicos/index.php/observatorio/article/view/4112. Acesso em: 6 nov. 2023

Vislumbra-se que a tecnologia assistiva é uma ferramenta que enriquece a vida das pessoas com necessidades educacionais especiais, contribuindo para melhorar sua independência, qualidade de vida, inclusão social, comunicação, mobilidade e integração na sociedade.

Infelizmente, a inclusão e a acessibilidade digital ainda não alcançam muitos estudantes autistas, especialmente os de escolas públicas, devido à falta de formação adequada dos professores para lidar com suas necessidades.

Diante disso, a missão de incluir os estudantes com TEA requer o comprometimento de todo o corpo pedagógico na escolha das melhores estratégias de inclusão e acessibilidade, visando permitir que esses alunos desempenhem com autonomia o seu papel na sociedade.[247]

Dessa forma, com base no que foi apresentado, fica evidente que é a sociedade que deve se ajustar às necessidades das pessoas com deficiência, e não o contrário. Qualquer discurso que contrarie essa perspectiva adentra na esfera capacitista.

---

[247] BASTOS, Edleni. **Tecnologias Assistivas em Sala de Recursos Multifuncionais, para Acessibilidade dos Estudantes com Transtorno do Espectro Autista.** Florida - USA, 2022, p. 46.

CONCLUSÃO

A inclusão de autistas no mercado de trabalho transcende a mera oferta de empregos, exigindo uma transformação nas estruturas sociais e legais, assim como uma mudança de paradigma na forma como enxergamos a diversidade humana. Este estudo pretendeu colocar uma lupa sobre essa complexa temática, delineando um caminho que não só reconheça, mas celebre a rica diversidade que as pessoas autistas levam aos ambientes profissionais.

Nos capítulos iniciais, adentramos na história da deficiência e do autismo, destacando os marcos e os avanços no entendimento do Transtorno do Espectro Autista. Desde os estudos pioneiros de Leo Kanner e Hans Asperger até as definições modernas do DSM, pudemos observar uma evolução significativa na percepção e na abordagem do autismo. Essa jornada histórica nos permite compreender como a exclusão e o estigma foram, por muito tempo, as respostas predominantes, e como a mudança de perspectiva é fundamental para uma verdadeira inclusão.

O segundo capítulo examinou os marcos legais que sustentam a inclusão das pessoas com deficiência, com destaque para a Lei Berenice Piana e o Estatuto da Pessoa com Deficiência. A análise das legislações nacionais e internacionais revelou a importância de um arcabouço jurídico robusto que garanta direitos e promova a dignidade humana. Com a promulgação da Lei Berenice Piana, em particular, representou um avanço notável, reconhecendo a necessidade de respeitar as diferenças sensoriais e neurológicas dos autistas e assegurando-lhes oportunidades justas no mercado de trabalho.

No terceiro capítulo, foram abordados os desafios que os autistas encontram no mercado de trabalho e apresentadas soluções práticas para promover uma inclusão eficiente. A relação com os Objetivos de Desenvolvimento Sustentável (ODS) 3 e 8 da ONU foi explorada, destacando a importância de ambientes de trabalho inclusivos que celebrem a diversidade. Incluir os autistas no trabalho não se resume a estatísticas: envolve a criação de espaços acessíveis e acolhedores, onde diferentes habilidades e perspectivas são valorizadas.

Uma parte relevante dessa inclusão é a adaptação sensorial no ambiente de trabalho. Considerar e ajustar fatores como sons, luzes, odores e texturas pode reduzir desconfortos e permitir que os autistas expressem suas potencialidades de forma mais completa. Além das adaptações físicas, é fundamental promover um olhar empático das necessidades individuais das pessoas atípicas, prevenindo crises e garantindo um ambiente de trabalho saudável e produtivo.

A educação corporativa emergiu como um elemento primordial na superação das barreiras atitudinais. Ao promover o desenvolvimento de empatia entre colaboradores e líderes, capacita-os a assimilar melhor as necessidades e habilidades dos colegas autistas. A conscientização, assim, desempenha um papel importante na desconstrução de preconceitos e na criação de uma cultura organizacional inclusiva.

É imperativo ouvir as próprias vozes autistas, entender suas necessidades e expectativas, e envolvê-las ativamente no processo de criação de soluções. A participação ativa dos autistas na construção de políticas e práticas inclusivas é essencial para que essas iniciativas sejam realmente eficazes e respeitem a diversidade de experiências e perspectivas dentro do espectro autista.

Quando valorizamos a diversidade e promovemos a inclusão, estamos fortalecendo a coesão social e criando um ambiente onde todos podem prosperar. A riqueza de perspectivas trazida pela diversidade contribui para a inovação, a criatividade e o progresso em todas as áreas da vida.

No contexto empresarial, a inclusão de autistas pode trazer benefícios significativos. Estudos mostram que equipes diversificadas são mais criativas e produtivas, e que a inclusão pode melhorar o ambiente de trabalho para todos os colaboradores. Outrossim, empresas que valorizam a diversidade tendem a ter uma melhor imagem pública e a atrair talentos de diferentes origens e habilidades.

Ao longo deste livro, destacamos a importância de uma transformação cultural que vá além das adaptações físicas e legais. Precisamos cultivar uma cultura de aceitação e respeito em todos os aspectos da vida cotidiana. A inclusão deve ser um valor central em nossas sociedades, refletido nas políticas públicas, nas práticas empresariais e nas interações diárias entre as pessoas.

Esperamos que este estudo inspire ações concretas e continuadas para promover a inclusão dos autistas no mercado de trabalho. Que possamos olhar para o futuro com esperança e determinação, compro-

COMO INCLUIR OS AUTISTAS NO MERCADO DE TRABALHO

metidos com a construção de uma sociedade onde todos, independentemente de suas diferenças, possam viver com dignidade, respeito e oportunidades justas.

Para garantir que as mudanças discutidas neste livro sejam implementadas de forma efetiva, é vital o apoio contínuo de diversas partes interessadas. Organizações não governamentais, instituições de defesa dos direitos das pessoas com deficiência, associações de autistas e suas famílias desempenham um papel de extrema importância na advocacia e na criação de redes de apoio. Essas entidades podem oferecer recursos, treinamento e suporte tanto para autistas quanto para empregadores, facilitando a transição para ambientes de trabalho mais inclusivos.

Além disso, a pesquisa incessante sobre as melhores práticas de inclusão laboral para autistas é imprescindível. A academia pode contribuir com estudos que avaliem o impacto das políticas de inclusão, identificando áreas de melhoria e desenvolvendo novas abordagens para apoiar os autistas no mercado de trabalho. Colaborações entre pesquisadores, autistas e empregadores são importantes para desenvolver soluções inovadoras e adaptadas às necessidades reais do mercado.

A transformação que almejamos exige um esforço conjunto e uma visão compartilhada de uma sociedade mais justa e inclusiva, onde a diversidade é vista como uma força, não como uma barreira.

Convidamos todos os leitores a se juntarem a nós nesta missão. Seja você um empregador, um colega de trabalho, um formulador de políticas ou um membro da sociedade civil, há algo que você pode fazer para promover a inclusão. Juntos, podemos criar um futuro em que todos tenham a oportunidade de contribuir, crescer e prosperar.

Concluímos esta obra com a esperança de que este estudo estimule um diálogo construtivo. A inclusão de autistas no mercado de trabalho deve ser vista não apenas como uma obrigação legal, mas como uma oportunidade para enriquecer nossas comunidades e organizações. É crucial reconhecer os potenciais das pessoas do espectro autista, superando estigmas e estereótipos que há tanto tempo obscurecem suas capacidades.

REFERÊNCIAS

AGOSTINHO, Theodoro. **Manual de Direito Previdenciário**. São Paulo: Saraiva Educação, 2020.

ALBORNOZ, Suzana. **O que é Trabalho**. São Paulo: Brasiliense, 1986.

ALVARENGA, Natany Marques de. **Lei Berenice Piana e Inclusão dos Autistas no Brasil.** Disponível em: < https://www.fadiva.edu.br/documentos/jusfadiva/2017/06.>. Acesso em: 18 de out. de 2023.

ALVARENGA, Rúbia Zanotelli de. **Sistema Internacional de Proteção aos Direitos Humanos: aplicabilidade e efetivação da Constituição da Organização Internacional do Trabalho: OIT (1919) e da Declaração de Filadélfia (1944)** = International System for the Protection of Human Rights: applicability and enforcement of the Constitution of the International Labor Organization: ILO (1919) and the Declaration of Philadelphia (1944). **Revista de direito do trabalho**, São Paulo, v. 44, nº 187, p. 199-217, mar. 2018.

AMARAL, Lígia Assumpção. **Sobre Crocodilos e Avestruzes: falando de diferenças físicas, preconceitos e sua superação.** In: AQUINO, Julio Groppa (org). Diferenças e preconceito na escola: alternativas teóricas e práticas. 9 ed. São Paulo: Summus, 1998.

AMARAL, Lígia Assumpção. **Mercado de Trabalho e Deficiência**. Revista Brasileira de Educação Especial, (número do volume), 1994.

AMERICAN PSYCHIATRIC ASSOCIATION. **Diagnostic and Statistical Manual: Mental Disorders DSM-II**. Washington, DC: APA, 1968.

ASSOCIAÇÃO BRASILEIRA DE PSIQUIATRIA (ABP). **Manual Diagnóstico e Estatístico de Transtornos Mentais (DSM-5)**. 5ª edição. Porto Alegre: Artmed, 2014.

BARBOZA, Heloisa Helena; ALMEIDA, Vitor (Coord.). **Comentários ao Estatuto da Pessoa com Deficiência à Luz da Constituição da República**. Belo Horizonte: Forum, 2018.

BASTOS, Edleni. **Tecnologias Assistivas em Sala de Recursos Multifuncionais, para Acessibilidade dos Estudantes com Transtorno do Espectro Autista**. Florida - USA, 2022.

BETTELHEIM, Bruno. **A Fortaleza Vazia**. São Paulo: Martins Fontes, 1987.

BÍBLIA Sagrada. Almeida Revista e Corrigida. Disponível em https://www.bibliaon-com/versiculo/levitico_21_16-24/. Acesso em: 01/01/2024.

BRASIL. **Constituição (1988). Constituição da República Federativa do Brasil.** Brasília, DF: Senado Federal, 1988. Disponível em: http://www.planalto.gov.br/ccivil_03/Constituicao/Constituicao.htm. Acesso em: 02 de novembro de 2023.

BRASIL. **Decreto nº 6.949, de 25 de agosto de 2009.** Promulga a Convenção Internacional sobre os Direitos das Pessoas com Deficiência e seu Protocolo Facultativo, assinados em Nova York, em 30 de março de 2007. Diário Oficial da República Federativa do Brasil, Brasília, DF, 26 ago. 2009. Seção 1, p. 3. Disponível em: https://www.planalto.gov.br/ccivil_03/_ato2007-2010/2009/decreto/d6949.htm. Acesso em: 25 de setembro de 2023.

BRASIL. **Decreto nº 9.522, de 8 de outubro de 2018.** Promulga o Tratado de Marraqueche para Facilitar o Acesso a Obras Publicadas às Pessoas Cegas, com Deficiência Visual ou com Outras Dificuldades para Aceder ao Texto Impresso, firmado em Marraqueche, em 27 de junho de 2013. Diário Oficial da República Federativa do Brasil, Brasília, DF, 9 out. 2018. Seção 1, p. 1. Disponível em: https://www.planalto.gov.br/ccivil_03/_ato2015-2018/2018/decreto/d9522.htm.Acesso em: 25 de setembro de 2023.

BRASIL. **Lei nº 8.213, de 24 de julho de 1991.** Dispõe sobre os Planos de Benefícios da Previdência Social e dá outras providências. Diário Oficial da União, Brasília, DF, 25 jul. 1991. Disponível em: http://www.planalto.gov.br/ccivil_03/leis/l8213cons.htm. Acesso em: 02 de novembro de 2023.

BRASIL. **Lei nº 8.899, de 29 de junho de 1994.** Dispõe sobre a concessão do Benefício de Prestação Continuada (BPC). Diário Oficial da União, Brasília, DF, 30 jun. 1994. Disponível em: http://www.planalto.gov.br/ccivil_03/leis/l8899.htm. Acesso em: 25 de setembro de 2023.

BRASIL. **Lei nº 8.742, de 7 de dezembro de 1993**. Dispõe sobre a organização da Assistência Social e dá outras providências. Diário Oficial da União, Brasília, DF, 8 dez. 1993. Disponível em: http://www.planalto.gov.br/ccivil_03/leis/l8742.htm. Acesso em: 05 de novembro de 2023

BRASIL. **Lei nº 10.048, de 8 de novembro de 2000.** Dá prioridade de atendimento às pessoas com deficiência. Diário Oficial da União, Brasília, DF, 9 nov. 2000. Disponível em: http://www.planalto.gov.br/ccivil_03/leis/l10048.htm. Acesso em: 16 de novembro de 2023.

BRASIL. **Lei nº 10.098, de 19 de dezembro de 2000**. Estabelece normas gerais e critérios básicos para a promoção da acessibilidade das pessoas portadoras de deficiência ou com mobilidade reduzida, e dá outras providências. Diário Oficial da União, Brasília, DF, 20 dez. 2000. Disponível em: http://www.planalto.gov.br/ ccivil_03/leis/l10098.htm. Acesso em: 16 de novembro de 2023.

BRASIL. **Lei nº 7.611, de 17 de dezembro de 2001**. Cria o Cadastro Nacional de Inclusão da Pessoa com Deficiência (Cad-In). Diário Oficial da União, Brasília, DF, 18 dez. 2001. Disponível em: http://www.planalto.gov.br/ccivil_03/leis/2001/ l7611.htm. Acesso em: 15 de outubro de 2023.

BRASIL. **Lei nº 10.406, de 10 de janeiro de 2002**. Institui o Código Civil. Diário Oficial da União, Brasília, DF, 11 jan. 2002. Disponível em: http://www.planalto. gov.br/ccivil_03/leis/2002/L10406.htm. Acesso em: 23 de setembro de 2023.

BRASIL. **Lei nº 12.764, de 27 de dezembro de 2012**. Institui a Política Nacional de Proteção dos Direitos da Pessoa com Transtorno do Espectro Autista e altera a Lei nº 7.853, de 24 de outubro de 1989. Diário Oficial da União: seção 1, Brasília, DF, p. 2, 28 dez. 2012. Disponível em: http://www.planalto.gov.br/ccivil_03/_ato2011-2014/2012/lei/l12764.htm. Acesso em 14 de novembro de 2023.

BRASIL. **Lei nº 13.146, de 6 de julho de 2015**. Institui a Lei Brasileira de Inclusão da Pessoa com Deficiência (Estatuto da Pessoa com Deficiência). Diário Oficial da União, Brasília, DF, 7 jul. 2015. Disponível em: http://www.planalto.gov.br/ ccivil_03/_Ato2015-2018/2015/Lei/L13146.htm. Acesso em: 8 de julho de 2023.

BRASIL. **Lei nº 8.537, de 11 de dezembro de 2015**. Regula o atendimento prioritário para pessoas com deficiência nos serviços de saúde. Diário Oficial da União, Brasília, DF, 14 dez. 2015. Disponível em: http://www.planalto.gov.br/ccivil_03/ leis/L8537.htm. Acesso em: 8 de julho de 2023

BRASIL. **Lei nº 13.977, de 8 de janeiro de 2020**. Altera a Lei nº 12.764, de 27 de dezembro de 2012 (Lei Berenice Piana), e a Lei nº 9.265, de 12 de fevereiro de 1996, para instituir a Carteira de Identificação da Pessoa com Transtorno do Espectro Autista (Ciptea), e dá outras providências. Diário Oficial da União, Brasília, DF, 9.1.2020. Acesso em: 10 de agosto de 2023.

BRITO FILHO, José Cláudio Monteiro de. **Trabalho Decente. Análise jurídica da exploração do trabalho – trabalho forçado e outras formas de trabalho indigno**. São Paulo: LTr, 2004.

CALVO, Adriana. **Manual de Direito do Trabalho**. São Paulo: Saraiva Educação, 2019.

CAMPOS, André Gambier. **Direito ao Trabalho: considerações gerais e preliminares**. Brasília, março de 2011. Instituto de Pesquisa Econômica Aplicada.

CANOTILHO, J. J. Gomes; MOREIRA, Vital. **Constituição da República Portuguesa Anotada**. 4. ed. Coimbra: Coimbra Editora, 2007. v. I, p. 336-337.

CARDOSO, Marina Araújo Campos. **Reflexos do Estatuto da Pessoa com Deficiência na Teoria das Incapacidades**. Reflexão e Crítica do Direito, v. 8, nº 2, p. 98-114, jul./dez. 2020.

CARMO, Apolonio Abadio do. Deficiência Física: **A Sociedade Brasileira Cria, 'Recupera' e Discrimina**. Tese (Doutorado) - Universidade Estadual de Campinas, Faculdade de Educação. Orientador: Jose Luis Sanfelice. Campinas, SP: 1989.

Carvalho, Ana Clara de; Carvalho, Francisco Antonio de. **O Direito ao Acesso ao Mercado de Trabalho por Pessoas Autistas no Brasil**. São Paulo: Dialética, 2023.

CASTRO, Carlos Alberto Pereira de; LAZZARI, João Batista. **Manual de Direito Previdenciário**. 26. ed. Rio de Janeiro: Forense, 2023.

CATHO EMPRESAS. **Soluções em Inclusão Social**. 2014.

CLEMENTE, Carlos Aparício; SHIMONO, Sumiko Oki. **Trabalho de Pessoas com Deficiência e Lei de Cotas: invisibilidade, resistência e qualidade da inclusão**. São Paulo: Edição dos Autores, 2015.

CORRENT, Nikolas **Da Antiguidade a Contemporaneidade: a deficiência e suas concepções.** Revista Científica Semana Acadêmica. Fortaleza, ano MMXVI, Nº. 000089, 22/09/2016. Disponível em: https://semanaacademica.org.br/artigo/da-antiguidade-contemporaneidade-deficiencia-e-suas-concepcoes. Acessado em: 21 de outubro de 2023.

COSTA, Marli Marlene Moraes da; FERNANDES, Paulo Vanessa. **Autismo, Cidadania e Políticas públicas: as contradições entre a igualdade formal e a igualdade material**. Revista do Direito Público, Londrina, v. 13, nº 2, p. 195-199, ago. 2018.

CRUZ, Álvaro Ricardo de Souza. **O Direito à Diferença: as ações afirmativas como mecanismo de inclusão social de mulheres, negros, homossexuais e portadores de deficiência**. Belo Horizonte: Del Rey, 2003. p. 132-133.

CUNHA, Eugênio. **Autismo e Inclusão: psicopedagogia práticas educativas na escola e na família.** 4. ed. Rio de Janeiro: Wak Ed., 2012.

DEL PORTO, J. A.; ASSUMPÇÃO JR., F. B. (org.). **Autismo no Adulto.** [São Paulo]: Editora dos Editores; Porto Alegre: Artmed, 2023.

DELGADO, Mauricio Godinho. **Curso de Direito do Trabalho.** 16. ed. São Paulo: LTr, 2017

DIEESE. **Inclusão da Pessoa com Deficiência no Mercado de Trabalho.** Nota Técnica, número 246, 20 de novembro de 2020. Disponível em: https://www.dieese.org.br/notatecnica/2020/notaTec246InclusaoDeficiencia.pdf. Acesso em 30 de outubro de 2023.

DINIZ, Antonia; FREITAS, Cesar Gomes de; OLIVEIRA, Valdirene Nascimento da Silva. **Barreiras Atitudinais, Dilema de uma Mulher Deficiente Visual: trajetória laboral e acadêmica.** Revista Educação Inclusiva, Volume 4, Número 3, 2021.

DONVAN, John; Zucker, Caren. **Outra Sintonia: a história do autismo.** Tradução Luiz A. de Araújo. 1. ed. São Paulo: Companhia das Letras, 2017.

DRUMOND, Valeria Abritta Teixeira. **O Papel do Trabalho na Construção da Identidade do Trabalhador.** Disponível em: https://revistas.newtonpaiva.br/redcunp/wp-content/uploads/2020/05/PDF-D2-11.pdf. Acesso em: 06 Abr 2017.

DUNKER, Christian Ingo Lenz. **Questões entre a Psicanálise e o DSM.** In: Jornal de psicanálise, v.47, nº87, p. 79-107, 2014.

FARAH, Fabiana. **Autismo: os direitos – a realidade.** Rio de Janeiro: Lumen Juris.

FARIAS, Cristiano Chaves de; CUNHA, Rogério Sanches; PINTO, Ronaldo Batista. **Estatuto da Pessoa com Deficiência Comentado Artigo por Artigo.** Salvador: Juspodivm, 2016.

FÁVERO, Eugênia Augusta Gonzaga. **Direito das Pessoas com Deficiência: garantia de igualdade na diversidade.** Rio de Janeiro: WVA, 2007, p. 22.

FONSECA, R. T. M. da. **O Trabalho Protegido do Portador de Deficiência.** Revista da Faculdade de Direito de São Bernardo do Campo, [S. l.], v. 7, 2015. Disponível em: https://revistas.direitosbc.br/fdsbc/article/view/764. Acesso em: 10 de outubro de. 2023.

FONSECA, R. T. M. **O Trabalho da Pessoa com Deficiência e a Lapidação dos Direitos Humanos: o direito do trabalho, uma ação afirmativa.** São Paulo: LTr, 2006.

FORESTI, Taimara; BOUSFIELD, Andréa Barbará da Silva. **A compreensão da Deficiência a partir das Teorias dos Modelos Médico e Social**. Revista Psicologia Política, vol. 22, no. 55, São Paulo, dezembro de 2022.

FRANÇA, Tiago Henrique. **Modelo Social da Deficiência: uma ferramenta sociológica para a emancipação social.** Lutas Sociais, São Paulo, v. 17 nº31, p.59-73, jul./dez., 2013.

FREIRE, Lílian Viana; CARR, Lívia Vilas Bôas. **Aplicações da Convenção Internacional sobre os Direitos das Pessoas com Deficiência na Curatela e Tomada de Decisão Apoiada.** Escola Superior do Ministério Público do Ceará, Centro de Estudos e Aperfeiçoamento Funcional, Ano 13, nº 2, p. 165, ago./dez. 2021.

GARRABÉ DE LARA, J. **El Autismo: história e classificações**. Salud Mental, v. 35, p. 257-261, 2012.

GOFFMAN, Erving. **Estigma: notas sobre a manipulação da identidade deteriorada**. 4ª ed. Rio de Janeiro: LTC, 2013.

GOMES, J.B.B. **Ações Afirmativas e Princípio Constitucional da Igualdade: o direito como instrumento de transformação social. A experiência dos EUA.** São Paulo: Renovar, 2001.

GOSDAL, Thereza Cristina. **Dignidade do Trabalhador: um conceito construído sob o paradigma do trabalho decente e da honra**. São Paulo: LTr, 2007.

Gozdecki, Vinícius. (2018). **O Trabalho Decente Como Paradigma Transformador Para o Século XXI À Luz Da Constituição Federal e das Convenções Internacionais**. Revista do Tribunal Regional do Trabalho da 3ª Região, 64(98), 245-276.

GRANDIN, Temple. **O Cérebro Autista**. 10. ed. Rio de Janeiro: Record, 2019.

GRANEMANN, S., **O Processo de Produção e Reprodução Social: trabalho e sociabilidade** In: Serviço Social: direitos sociais e competências profissionais. Brasília: CFESS/ABEPSS,2009.

GUGEL, Maria Aparecida. **A Pessoa com Deficiência e sua Relação com a História da Humanidade**. Ampid (associação Nacional dos Membros do ministério Público de defesa dos Direitos dos idosos e Pessoas com Deficiência), 2015. Disponível em https://www.ampid.org.br/v1/wp-content/uploads/2019/03/A--pessoa-com-defici%C3%AAncia-e-sua-rela%C3%A7%C3%A3o-com-a-hist%-C3%B3ria-da-humanidade.pdf.Acesso em: 10 de outubro de 2023.

GUGEL, Maria Aparecida. **Pessoas com Deficiência e o Direito ao Trabalho: reserva de cargos em empresas, emprego apoiado**. Florianópolis, SC: Obra Jurídica, 2006.

GUTIERREZ, A. A.; SOUZA, D. A. **Democracia e Direito: perspectivas inclusivas de jovens e adultos com transtorno do espectro autista no mundo do trabalho**. Revista Brasileira da Educação Profissional e Tecnológica, [S.l.], v. 1, nº 23, p. 1-18, e15249, Junº 2023.

HARLOS, Franco Ezequiel. **Sociologia da Deficiência: vozes por significados e práticas (mais) inclusivas**. 2012. 201 f. Dissertação (Mestrado em Ciências Humanas) - Universidade Federal de São Carlos, São Carlos, 2012.

HELTON, Thiago. **Tomada de Decisão Apoiada**. Blog Aurum, 27 de outubro de 2023. Disponível em: <https://www.aurum.com.br/blog/tomada-de-decisao--apoiada>. Acesso em 27 de outubro de 2023.

HESSE, Konrad. **Elementos de Direito Constitucional da República Federativa da Alemanha**. Tradução de Luiz Afonso. Porto Alegre, Sergio Antônio Editor, 1998.

HUNT, Paul. **Settling Accounts With The Parasite People: A Critique of A Live apart** By E.J. Miller and G.V. Gwynne. In: Disability Challenge 1. London: UPIAS, 1981, p.37-50. Disponível em: < http://www.leeds.ac.uk/disabilitystudies/archiveuk/archframe.htm >

KANNER, Leo. **Autistic disturbances of affective contact**. Nervous Child, 1943.

KHOURY, L. P. et al. **Manejo comportamental de Crianças com Transtornos do Espectro do Autismo em Condição de Inclusão Escolar: guia de orientação a professores** [livro eletrônico]. São Paulo: Memnon, 2014.

KINPARA, Lucas Kouji; MOREIRA, Pedro Augusto Vecchi. **Perspectivas do teletrabalho como Forma de Harmonização do Interesse de Empregados e Empregadores**. Revista do Tribunal Superior do Trabalho, São Paulo, v. 85, nº 1, jan/mar. 2019.

KLIN, Ami. **Autismo e Síndrome de Asperger: uma visão geral**. Revista Brasileira de Psiquiatria, v. 28, 2006.

KUTIANSKI, Felipe Augusto Tavares; BRAUER JUNIOR, André Geraldo. **Da Antiguidade à Contemporaneidade: uma revisão histórica do preconceito aos deficientes físicos na sociedade**. Cadernos da Escola de Educação e Humanidades, v. 1, nº 5, 2010.

LARAIA, Maria Ivone Fortunato. **A Pessoa com Deficiência e o Direito ao Trabalho.** 2009. 197 p. Dissertação (Mestrado em Direito) – Pontifícia Universidade Católica de São Paulo, São Paulo, 2009.

LAWALL, Alice Toledo Santos; RIBEIRO, Anna Costa Pinto. **Do Sintoma ao Diagnóstico: evolução das caracterizações nosográficas do autismo do século XX ao XXI.** Cadernos de Psicologia, Juiz de Fora, v. 4, nº 7, p. 260-282, jan/jun 2022.

LEAL, Carla Reita Faria. **Proteção Internacional do Direito ao Trabalho da Pessoa com Deficiência.** Tese de Doutorado em Direito das Relações Sociais. PONTIFÍCIA UNIVERSIDADE CATÓLICA DE SÃO PAULO - PUC/SP, São Paulo, 2008.

LEITE, Fernanda Menezes. **Inclusão da Pessoa com Deficiência no Mercado de Trabalho: desafios à efetivação do direito fundamental ao trabalho.** Dissertação de Mestrado - Universidade de São Paulo (USP), 2018.

LEITE, Fernanda Menezes. **Mercado de Trabalho e Pessoas com Deficiência.** 1. ed. Rio de Janeiro: Lumen Juris, 2019.

LEITE, Glauber Salomão; FERRAZ, Carolina Valença. **A Pessoa com Deficiência entre a Igualdade Formal e a Igualdade Material.** Revista Paradigma, Ribeirão Preto-SP, v. 28, nº 2, p. 56-57, mai./ago. 2019.

LEMOS, Marie Okabayashi de Castro. **Nada sobre nós, sem nós: sensorialidades e vozes de trabalhadores autistas: uma análise acerca da inclusão no capitalismo à luz do direito do trabalho,** 2022.

LIMA, Francisco Meton Marques de; LIMA, Francisco Péricles Rodrigues Marques de. **Reforma Trabalhista: entenda ponto por ponto.** São Paulo: LTr, 2017.

LIXANDRÃO, L.; BRANCHI, B. A. **O Trabalho Decente entre Crescimento Econômico e Desenvolvimento Sustentável.** Revista Hipótese, Bauru, v. 7, p. e021018, 2020. DOI: 10.47519/eiaerh.v7.2021.ID27. Disponível em: https://revistahipotese.editoraiberoamericana.com/revista/article/view/27. LOPES, Bruna Alves. Autismo, Narrativas Maternas e Ativismo dos Anos 1970 a 2008. Revista Brasileira de Educação Especial, v. 26, nº 3, julho-setembro de 2020.

LOPES, Laís de Figueiredo. **Comentários ao Estatuto da Pessoa com Deficiência.** LEITE, Flávia Piva Almeida; RIBEIRO, Lauro Luiz Gomes; COSTA FILHO, Waldir Macieira da (Coord.). São Paulo: Saraiva, 2016.

LOPES, Laís Vanessa Carvalho de Figueirêdo. **Convenção sobre os Direitos das Pessoas com Deficiência da ONU, seu Protocolo Facultativo e a Acessibilidade.** Dissertação (Mestrado em Direito) - Pontifícia Universidade Católica de São Paulo (PUC-SP), 2009.

LOPES, Rosalia Maria De Rezende. REZENDE, Paulo Izidio Da Silva. **O Direito da Pessoa com Transtorno do Espectro Autismo (TEA).** Revista Científica Multidisciplinar Núcleo do Conhecimento. Ano 06, Ed. 05, Vol. 13, pp. 65-82. Maio de 2021. ISSN: 2448-0959, Link de acesso: https://www.nucleodoconhecimento. com.br/lei/espectro-autismo

MACHADO, Ana Carolina Cabral de Paula; OLIVEIRA, Suelen Rosa de; MAGALHÃES, Lívia de Castro; MIRANDA, Débora Marques de; BOUZADA, Maria Cândida Ferrarez. **Processamento Sensorial no Período da Infância em Crianças Nascidas Pré-termo: revisão sistemática.** Revista Paulista de Pediatria, v. 35, nº 1, 2017.

MARTA, Taís Nader; PESSOA, Ana Carolina Peduti Abujamra. **Pessoa com Deficiência e o Direito ao Adequado Tratamento de Saúde.** Univ. JUS, Brasília, nº 21, p. 98, jul./dez. 2010.

MARTINS, Lúcia de Araújo Ramos. **História da Educação de Pessoas com Deficiência: da antiguidade ao início do Século XXI.** Campinas, SP: Mercado de Letras; Natal, RN: UFRN – Universidade Federal do Rio Grande do Norte, 2015

MARX, Karl; ENGELS, Friedrich. **A Ideologia Alemã.** São Paulo: Boitempo, 2007.

MAS, Natalie Andrade. **Transtorno do Espectro Autista – história da construção de um diagnóstico.** Dissertação (Mestrado - Programa de Pós-Graduação em Psicologia Clínica. Instituto de Psicologia, Universidade de São Paulo, 2018.

MELLO, Celso Antônio Bandeira de. **Curso de Direito Administrativo.** 30ª edição, revista e atualizada até a Emenda Constitucional 71, de 29.11.2012. São Paulo: Malheiros Editores, 2013.

MENEZES, Joyceane Bezerra. **O Direito Protetivo no Brasil após a Convenção sobre a Proteção da Pessoa com Deficiência.** Civilistica. com: revista eletrônica de direito civil, v. 4, nº 1, p. 1-34, 2015.

MILLER, L. J. et al. **Concept Evolution in Sensory Integration: a proposed nosology for diagnosis.** In: American Journal of Occupational Therapy, vol. 61, no. 2, 2007.

MOREIRA, A. J. **O Deficiente do Trabalho: considerações gerais de enquadramento**. Direito e Justiça, v. 1, nº Especial, p. 275-293, 1 janº 2015.

MORÓN, Maria José Santos. **La Situación de los Discapacitados Psíquicos desde la Perspectiva del Derecho Civil**. In: CAMPOYCERVERA, Ignácio (Org.). Los derechos de las personas con discapacidad: perspectivas sociales, políticas, jurídicas y filosóficas. Madrid: Dykinson, 2005.

NAÇÕES UNIDAS. **Carta das Nações Unidas. 1945**. Disponível em: https://brasil.unorg/pt-br/91220-carta-das-na%C3%A7%C3%B5es-unidas. Acesso em: 14 de outubro de. 2023.

NAÇÕES UNIDAS. **Nações Unidas Criam Fundo para Auxiliar Pessoas com Deficiência**. Disponível em: https://brasil.unorg/pt-br/58576-na%C3%A7%-C3%B5es-unidas-criam-fundo-para-auxiliar-pessoas-com-defici%C3%AAncia. 14 de outubro de. 2023.

NERI, Marcelo. **As Empresas e as Cotas para Pessoas com Deficiência**. Revista Conjuntura Econômica, setembro de 2003.

NISHIYAMA, Adolfo Mamoru. **O Direito das Pessoas com Deficiência à Educação: a acessibilidade como instrumento do exercício da cidadania**. Revista dos Tribunais, São Paulo, vol. 1035, p. 57-73, janº 2022, p.2.

OLIVEIRA, Andressa Carvalho de; CAMARGO, Maria Emília Silveira. **A Inserção de Pessoa com Deficiência no Mercado de Trabalho**. Revista Científica Eletrônica de Ciências Sociais da Faculdade de Ciências Sociais Aplicadas de Itapeva, 18ª Edição, Maio de 2022.

OLIVEIRA, Andressa de. **Como Garantir o BPC (Benefício de Prestação Continuada) para as Pessoas com Autismo - do administrativo ao judicial - teoria e prática**. Juará Editora, 2023.

OPUSZKA, Paulo Ricardo; HARTMANN, Manuela Godoi de Lima. **A Inclusão da Pessoa com Deficiência no Mercado de Trabalho à Luz dos Princípios da Igualdade e da Dignidade da Pessoa Humana**. JURIS, Rio Grande, 2013.

ORGANIZAÇÃO DAS NAÇÕES UNIDAS (ONU). **Declaração dos Direitos das Pessoas Deficientes. Adotada pela Assembleia Geral da ONU em 9 de dezembro de 1975**. Disponível em http://portal.mec.gov.br/seesp/arquivos/pdf/dec_def.pdf. Acesso em 8 de outubro de 2023.

ORGANIZAÇÃO INTERNACIONAL DO TRABALHO (OIT). (S.D.). **Trabalho Decente.** Recuperado de https://www.ilo.org/brasilia/temas/trabalho-decente/lang--pt/index.htm. Acesso em 17 de outubro de 2023.

ORGANIZAÇÃO INTERNACIONAL DO TRABALHO (OIT). **Convenção nº 111, sobre discriminação (emprego e ocupação), adotada em 25 de junho de 1958.** Disponível em: https://www.ilo.org/dyn/normlex/en/f?p=NORMLEX-PUB:12100:0::NO::P12100_ILO_CODE:C111. Acesso em: 25 setembro de 2023.

ORGANIZAÇÃO INTERNACIONAL DO TRABALHO (OIT). **Convenção nº 159 sobre reabilitação profissional e emprego de pessoas deficientes, adotada em 1983.** Disponível em: https://abres.org.br/wp-content/uploads/2019/11/convencao_n_159_sobre_reabilitacao_profissional_e_emprego_de_pessoas_deficientes_de_1_6_1983.pdf. Acesso em: 25 de setembro de 2023.

ORGANIZAÇÃO INTERNACIONAL DO TRABALHO (OIT). **Convenção nº 168 da organização internacional do trabalho, relativa à promoção do emprego e proteção contra o desemprego.** Disponível em: https://gddc.ministeriopublico.pt/sites/default/files/conv168.pdf.Acesso em: 25 de setembro de 2023.

ORGANIZAÇÃO INTERNACIONAL DO TRABALHO (OIT). **Guia para Empresas sobre os Direitos das Pessoas com Deficiência.** Disponível em: https://www.ilo.org/brasilia/noticias/WCMS_615742/lang--pt/index.htm. Acesso em: 02 nov. 2023.

ORGANIZAÇÃO INTERNACIONAL DO TRABALHO (OIT); **Ministério Público do Trabalho (MPT). Incluir: o que é, como e por que fazer?** 2021. Disponível em: https://www.ilo.org/brasilia/publicacoes/WCMS_821892/lang--pt/index.htm]. Acesso em: Acesso em 30 de outubro de 2023.

PASTORE, José. **Oportunidades de Trabalho para Portadores de Deficiência.** 1. ed. São Paulo: LTr, 2000.

PAULON, Simone Mainieri; FREITAS, Lia Beatriz de Lucca; PINHO, Gerson Smiech. **Documento Subsidiário à Política de Inclusão.** Brasília: Ministério da Educação, Secretaria de Educação Especial, 2005.

PECES-BARBA MARTÍNEZ, Gregorio. **Reflexiones sobre la Evolución Histórica y el Concepto de Dignidad Humana.** In: ALMOGUERA CARRERES, Joaquín; et al. (org.). Desafíos actuales a los derechos humanos: la violencia de género, la inmigración y los medios de comunicación Madrid: Universidad Carlos III de Madrid/Editorial Dykinson, 2005.

PIMENTEL, Susana Couto; PIMENTEL, Mariana Couto. **Acessibilidade para Inclusão da Pessoa com Deficiência: sobre o que estamos falando?**. Revista da FAEEBA: Educação e Contemporaneidade, Salvador, v. 26, nº 50, p. 91-103, 2017.

PIOVESAN, Flávia. **Direitos Humanos e o Direito Constitucional Internacional**. 9.ed. São Paulo: Saraiva, 2008.

Prefeitura Municipal de Belo Horizonte (PMBH). **Diretrizes para a Atenção à Saúde da Pessoa com Deficiência Intelectual na Rede de Reabilitação do SUS-BH**. Belo Horizonte, 2019. Disponível em: https://prefeitura.pbh.gov.br/sites/default/files/estrutura-de-governo/saude/2020/diretrizes_reabilitacao_deficiencia_intelectual-5-3-2020.pdf. Acesso em 02 de novembro de 2023.

Progene - Instituto de Biociências - USP. Disponível em: https://progene.ib.usp.br/?p=193. Acesso em: 14 de outubro de 2023.

Refúgio Sensorial Leva Acessibilidade para Autistas e Pessoas. LinkedIn Disponível em: <https://www.linkedincom/pulse/ref%C3%BAgio-sensorial-leva-acessibilidade-para-autistas-e-pessoas/?originalSubdomain=pt>. Acesso em 02 de novembro de 2023.

RIBEIRO, Anna Costa Pinto. **Do Sintoma ao Diagnóstico: Evolução das Caracterizações Nosográficas do Autismo do Século XX ao XXI**. Cadernos de Psicologia, Juiz de Fora, v. 4, nº 7, p. 260-282, jan/jun 2022.

RIBEIRO, Disneylândia Maria. **Barreiras Atitudinais: obstáculos e desafios à inclusão de estudantes com deficiência no ensino superior**. 2016.

RIBEIRO, Marco Antônio; CARNEIRO, Ricardo. **A Inclusão Indesejada: as empresas brasileiras face à lei de cotas para pessoas com deficiência no mercado de trabalho**. Salvador, v. 16, nº 50, p. 545-564, jul./set. 2009. Disponível em: https://www.scielo.br/j/osoc/a/wBLYwySGYjQyBTPPWhgwxrB/?format=pdf&lang=pt. Acesso em: Acesso em 9 de outubro de 2023.

ROBISON, John E. Kanner, **Asperger, and Frankl: a third man at the genesis of the autism diagnosis**. Revista Autism, volume 20, p. 1-10, 2016.

RODRIGUES NETO, Francisco. **Direitos e Garantias às Pessoas com Deficiências: a atuação do poder público no processo de inclusão**. 1ª edição. Jundiaí: Paco Editorial, 2020.

RODRIGUES, A. S.; OSTERNE, M. do S. F. **Benefício de Prestação Continuada - BPC e Deficiência: um estudo sobre a relação de cuidado e dependência**

no âmbito das famílias dos beneficiários. Conhecer: debate entre o público e o privado, [S. l.], v. 5, nº 13, p. 22–31, 2015. Disponível em: https://revistas.uece.br/index.php/revistaconhecer/article/view/1166. Acesso em: 16 de outubro. 2023.

RODRIGUES, Graciela Fagundes; SOARES COUTINHO, Kátia. **Tecnologia Assistiva para Inclusão Laboral: o que a internet tem a oferecer?** Revista Observatório, v. 4, nº 3, p. 54–84, 2018. DOI: 10.20873/uft.2447-4266.2018v4n3p54. Disponível em: https://sistemas.uft.edu.br/periodicos/index.php/observatorio/article/view/4112. Acesso em: 6 nov. 2023.

ROSENVALD, Nelson **A Tomada de Decisão Apoiada – primeiras linhas sobre um novo modelo jurídico promocional da pessoa com deficiência.** Revista IBDFAM: Famílias e Sucessões, Belo Horizonte, nº 10, p. 11-19, jul./ago. 2015.

ROSSETTO, E.; ADAMI, A. S.; KREMER, J.; PAGANI; SILVA, M. T. **Aspectos Históricos da Pessoa com Deficiência.** Educere et Educare, [S. l.], v. 1, nº 1, p. p. 103–108, 2000. DOI: 10.17648/educare.v1i1.1013. Disponível em: https://e--revista.unioeste.br/index.php/educereeteducare/article/view/1013. Acesso em: 10 de outubro de. 2023.

SANTOS, Ana Maria Tarcitano. **Autismo: um desafio na alfabetização e no convívio escolar.** São Paulo: CRDA, 2008.

SANTOS, Talianne Rodrigues et al. **Políticas Públicas Direcionadas às Pessoas com Deficiência: uma reflexão crítica.** Revista Ágora, Vitória, nº 15, 2012.

SARLET, Ingo Wolfgang. **Dignidade da Pessoa Humana e Direitos Fundamentais na Constituição Federal de 1988.** 2. ed. Porto Alegre: Livraria do Advogado, 2001.

SARLET, Ingo Wolfgang; MARINONI, Luiz Guilherme; MITIDIERO, Daniel. **Curso de Direito Constitucional.** 8. ed. São Paulo: Saraiva Educação, 2019.

SARMENTO, Daniel. **Dignidade da Pessoa Humana: conteúdo, trajetórias e metodologia.** Belo Horizonte: Fórum, 2016

SASSAKI, R.K. **Terminologia sobre Deficiência na Era da Inclusão.** In: Revista Nacional de Reabilitação, São Paulo, ano V, nº 24, jan/fev. 2002, p. 6-9. In: VIVARTA, Veet (org.). Mídia e Deficiência. Brasília: Agência de Notícias dos Direitos da Infância / Fundação Banco do Brasil, 2003, p. 160-165.

SASSAKI, Romeu. **Vida Independente: história, movimento, liderança, conceito, filosofia e fundamentos.** São Paulo: RNR, 2003.

SCHNEIDER, Patrick. **Futuro do Trabalho da Pessoa com Deficiência: da lei de cotas à agenda 2030**. 1. ed. Editora Letramento, 2 de novembro de 2021.

Senado Federal. **Lei Romeo Mion Cria Carteira para Pessoas com Transtorno do Espectro Autista**. 09/01/2020. Disponível em: https://www12.senado.leg.br/noticias/materias/2020/01/09/lei-romeo-mion-cria-carteira-para-pessoas-com-transtorno-do-espectro-autista. Acesso em: 30/10/2023.

SETUBAL, Joyce Marquezin; FAYAN, Regiane Alves Costa (orgs.). **Lei Brasileira de Inclusão da Pessoa com Deficiência - comentada**. Campinas: Fundação FEAC, 2016.

SHEFFER, Edith. **Crianças de Asperger - as origens do autismo na viena nazista**. 1.ed. Record, 2019, p. 17.

SHIMIZU, Vitoria Tiemi; MIRANDA, Mônica Carolina. **Processamento Sensorial na Criança com TDAH: uma revisão da literatura.** In: Revista Psicopedagogia, vol. 29, no. 89, 2012, pp. 256-268.

SIGOLO, Leonardo Corrêa. **A Contratação do Aprendiz com Deficiência**. São Paulo: LTr, 2013.

SILVA, Alice Gerlane Cardoso da. **Inclusão do Portador de Deficiência no Mercado de Trabalho: uma análise sob enfoque adaptativo das políticas de recursos humanos em quatro indústrias de campina grande – PB. relatório de pesquisa** (Bacharelado em Administração) – Universidade Federal de Campina Grande, Paraíba, 2010.

SILVA, Aline Maira da. **Educação Especial e Inclusão Escolar: história e fundamentos**. Curitiba: Ibpex, 2010 p.40-41.

SILVA, Gilda Pereira da. **Tecnologia Assistiva como Apoio à Ação Docente. 2012.** Dissertação (Mestrado em Educação) – Universidade do Oeste Paulista, Presidente Prudente, 2012.

SILVA, Maria Elaine Conceição; ANDRADE, Jailza do Nascimento Tomaz. **O Deficiente Processo de Inclusão de Pessoas com Deficiência nas Organizações**. Id on Line Revista Multidisciplinar, v. 17, nº 66, p. 155-172, maio/2023.

SILVA, Otto Marques. **A Epopéia Ignorada, Uma Questão de Competência, A Integração das Pessoas com Deficiência no Trabalho**. São Paulo: Cedas, 1987.

SILVA, W. R. L.; GILIO, L. **O Teletrabalho como Política Pública de Inclusão Social das Pessoas com Deficiência no Brasil**. Cadernos de Direito, Piracicaba, v. 19, nº 37: p. 201, jul.-dez. 2020.

SIMONELLI, A. P.; JACKSON FILHO, J. M. **Análise da Inclusão de Pessoas com Deficiência no Trabalho após 25 anos da Lei de Cotas: uma revisão da literatura**/Analysis of the inclusion of people with disabilities at work after 25 years of the publication of Brazilian law of quotas: a literature review. Cadernos Brasileiros de Terapia Ocupacional, [S. l.], v. 25, nº 4, p. 855–867, 2017. Disponível em: https://www.cadernosdeto.ufscar.br/index.php/cadernos/article/view/1842. Acesso em: 21 de outubro de. 2023.

SIVIERI, L. **Saúde no Trabalho e Mapeamento dos Riscos.** In: TODESCHINI, R. (Org.). Saúde,meio ambiente e condições de trabalho: conteúdos básicos para uma ação sindical. São Paulo:CUT / Fundacentro, 1995. p.75-111.

SOUZA, Alessandra Varrône de Almeida Prado et al. **Direitos dos Autistas.** Porto Alegre: Verbo Jurídico, 2023. (Recurso eletrônico).

SOUZA, L. A. da S. de; BORGES, P. P. **Capacidade à Luz do Estatuto da Pessoa com Deficiência.** Revista InterAção, [S. l.], v. 10, nº 1, p. 71–80, 2019. DOI: 10.5902/2357797536806. Disponível em: https://periodicos.ufsm.br/interacao/article/view/36806. Acesso em: 16 nov. 2023.

SULKES, Stephen Brian. **Transtornos do Espectro Autista. MSD Manual Profissional.** Disponível em: https://www.msdmanuals.com/pt/profissional/pediatria/dist%C3%BArbios-de-aprendizagem-e-desenvolvimento/transtornos--do-espectro-autista. Acesso em: 14 de outubro de 2023.

TAHAN, Adalgisa Pires Falcão. **A Universalidade dos Direitos Humanos.** In: Estudos e debates em Direitos Humanos. SILVEIRA, Vladimir Oliveira da; CAMPELO (COORD), Livia Gaigher Bósio (ORG). São Paulo: Letras Jurídicas, v. 2, 2012.

TAMANAHA, Ana Carina; PERISSINOTO, Jacy; CHIARI, Brasília Maria. **Uma Breve Revisão Histórica sobre a Construção dos Conceitos do Autismo Infantil e da Síndrome de Asperger.** Revista da Sociedade Brasileira de Fonoaudiologia, v. 13, nº 3, 2008.

TAVARES, Carliana Carvalho Fonteles et al. **Desenvolvimento Sustentável, Trabalho Decente e a Reabilitação Profissional: elementos para um debate.** In: Anais - Eixo 8. Desafios e Dimensões Contemporâneas do Desenvolvimento e Políticas Públicas, VII Jornada Internacional UFMA.

TAVARES, Fabiana S.S. **Educação não Inclusiva: a trajetória das barreiras atitudinais nas dissertações de educação do Programa de Pós-graduação em Educação (PPGE/UFPE).** Dissertação de Mestrado. Recife: UFPE, 2012.

UNODC (United Nations Office on Drugs and Crime). (2019). **Objetivo 8: Trabalho Decente e Crescimento Econômico.** Disponível em: https://www.unodc.org/lpo-brazil/pt/frontpage/2019/05/ods-8--sobre-trabalho-decente-e-crescimento-econmico---um-dos-objetivos-do-ms-em-maio.html. Acesso em 17 de outubro de 2023

UNODC Brasil. **ODS 8: sobre trabalho decente e crescimento econômico - um dos objetivos do mês em maio.** Maio/2019. Disponível em: https://www.unodc.org/lpo-brazil/pt/frontpage/2019/05/ods-8--sobre-trabalho-decente-e--crescimento-econmico---um-dos-objetivos-do-ms-em-maio.html. Acesso em: 18 de outubro de 2023.

VALENTE, Nara Luiza. **A Garantia do Direito à Saúde da Criança Autista no Município de Ponta Grossa/Paraná: da proteção social tradicional à emergência de uma proteção social pública estatal**. Ponta Grossa, 2018. Dissertação (Mestrado em Ciências Sociais Aplicadas – Área de Concentração – Cidadania e Políticas Públicas), Universidade Estadual de Ponta Grossa.

VASH, C. **Enfrentando a Deficiência: a manifestação, a psicologia, a reabilitação**. São Paulo: EDUSP: Pioneira, 1988.

VECCHI, Ipojucan Demétrius; GARCIA, Marcos Leite; SOBRINHO, Liton Lanes Pilau. **O Princípio da Dignidade Humana e suas Projeções no Âmbito Laboral: possibilidades e limites**. Sequência (Florianópolis), nº 85, p. 256, agosto de 2020.

VENDRAMIN, Carla. **Repensando Mitos Contemporâneos: o capacitismo**. Revista Memória Experiência e Invenção, Campinas, v. 2, nº 1, p. 17, ago. 2019.

VERHOEFF, **Berend. Autism in Flux: a history of the concept from Leo Kanner to DSM-5.** History of Psychiatry, v. 24, nº 4, dezembro de 2013. Disponível em: https://journals.sagepub.com/doi/10.1177/0957154x13500584. Acesso em: 03 de outubro de 2023.

VIEIRA, Fabiano de Mello; AMARAL, Maurício Koubay do; AMARAL, Tabata Brandt do. **Direitos Sociais das Pessoas com Transtorno do Espectro Autista**. In: Revista Eletrônica do Curso de Direito do Centro Universitário UniOpet. Curitiba-PR. Ano XIII, nº 22, jan/jun 2020.

VIEIRA, Igor Laguna; AIRES, Christiane Florinda De Cima; MATTOS, Ubirajara Aluizio de Oliveira; SILVA, Elmo Rodrigues da. **As Condições de Trabalho no Contexto dos Objetivos do Desenvolvimento Sustentável: os desafios da Agenda 2030**. O Social em Questão, v. 23, nº 48, Set a Dez, 2020.

VILLATORE, Marco Antônio César; COCHRAN, Augustus Bonner; CAMPAG-NOLI, Adriana de Fátima Pilatti Ferreira. **O Direito ao Trabalho da Pessoa com Deficiência: perspectivas de liberdade e de igualdade.** Justiça do Direito, v. 32, nº 2, p. 420-447, maio/ago. 2018.